U0464767

遗失在西方的中国史

法国《小日报》记录的晚清1891—1911

沈弘 编译

北京时代华文书局

图书在版编目 (CIP) 数据

遗失在西方的中国史：法国《小日报》记录的晚清 1891-1911 / 沈弘编译. -- 北京 : 北京时代华文书局, 2021.9

ISBN 978-7-5699-4376-4

Ⅰ. ①遗… Ⅱ. ①沈… Ⅲ. ①中国历史—史料—清后期 Ⅳ. ①K252.06

中国版本图书馆 CIP 数据核字 (2021) 第 171979 号

遗失在西方的中国史：法国《小日报》记录的晚清 1891—1911

YISHI ZAI XIFANG DE ZHONGGUO SHI : FAGUO XIAORIBAO JILU DE WANQING 1891—1911

编　　译 | 沈　弘

出 版 人 | 陈　涛
选题策划 | 余　玲
责任编辑 | 丁克霞
执行编辑 | 王凤屏
责任校对 | 张彦翔
装帧设计 | 程　慧
责任印制 | 訾　敬

出版发行 | 北京时代华文书局 http://www.bjsdsj.com.cn
北京市东城区安定门外大街 138 号皇城国际大厦 A 座 8 楼
邮编：100011　电话：010-64267955　64267677

印　　刷 | 北京盛通印刷股份有限公司 010-52249888
（如发现印装质量问题，请与印刷厂联系调换）

开　　本 | 787mm×1092mm　1/16　　印　　张 | 17　　字　　数 | 171 千字
版　　次 | 2022 年 3 月第 1 版　　印　　次 | 2022 年 3 月第 1 次印刷
书　　号 | ISBN 978-7-5699-4376-4
定　　价 | 128.00 元

版权所有，侵权必究

序

◎杨葵

早些时候，时代华文书局出版的三卷本《〈伦敦新闻画报〉记录的晚清 1842–1873》，开本大，分量重，定价高，一副赔本儿出精品的架势。没想到居然一印再印，热销不衰。如此编印精良的好书，市场表现如此不俗，出我预料。

这套三卷本，是出版方预谋的“遗失在西方的中国史”系列书籍打头之作，现在这系列的第二种《法国〈小日报〉记录的晚清 1891–1911》又摆在我们面前。

假如我是个历史学家，最好还专门研究中国近代史，会从这套书的史学价值，论述其作为“他山之石”之珍贵。比如近代史专家马勇就从这类绘画的内容联想到，二十多年前中国近代史学界打破“欧洲中心论”“冲击 – 反应”“传统 – 现代”模式，开始从中国自身寻找历史发展的因素。

假如我是个艺术家，最好还专攻现当代版画，会从这套书的绘画艺术着手，论述其独特的艺术、社会价值。比如艺术家陈丹青就将这一时期欧洲的石印画、铜版画与今日的影像媒体相提并论，称之为“传播利器”。他说与新闻结合的版画，是社会公众了解时事的重要途径，对后来的市民社会的形成居功至伟。

假如我是个社会人类学家，最好还有点相关收藏爱好，会从这些绘画中梳理出中国人精神面貌的有趣演变。比如台湾有个致力于收藏此类图画的秦风，他发现这类绘画中的中国人，1860 年前“安详”，1900 年后“粗笨”……

可我只是个出版行业的普通从业者，只能从书籍的出版印刷角度，说点自己的感想。

这些图画的原产地是法国。在欧洲，直至十五世纪中期，由于纸张的传入，才出现了印刷书籍。当时书籍的纸张多为麻草、粗布等植物原料制成，这些纸张格外耐保存，用这类纸张印成的书籍，即便几世纪过后再看，还像刚印出来的一样纸张洁净。可是从十九世纪中叶开始，人们开始改用木材制造纸张，据说这些纸张的寿命不会超过七十年，几十年后，绝大多数书页泛黄，纸张松脆，稍不小心就弄一手碎纸屑。

《小日报》在十九世纪末，每期销量超过百万，是法国最流行的通俗类市民报纸，相当于我们今天说的"快餐文化"吧。便宜到令人咋舌的定价，当然不允许选用耐久保存的纸张。所以，尽管《小日报》存世量不少，但纸张的现状决定了，它们只能是娇贵的收藏品。那么，如果还有人想看，就需要重印。

说到重印，身兼学者、作家、古籍收藏家三种身份于一身的安伯托·艾柯曾经这样议论：重印会随着当代人的口味而变化——并不总是生存在现世的人才是评判一部作品优劣的最好裁判。他还说，如果把哪些书籍需要再版这样的事交给市场，是没有保障的。但是如果让一个专家委员会决定哪些书需要再版进行保存，哪些书最终要消失，结果就会更糟。比如假如我们当时听从了萨维里奥·贝蒂内利的话，那么十八世纪时，但丁的作品就已经被扔进沤麻池销毁了。

我从艾柯这些话联想到，在《小日报》出版一百多年后的今天选择编辑重印它们，里边到底包含了些什么信息？决定重印它们的机制，又是如何悄然形成并逐渐完善，以至成熟的呢？我没有结论，但我感觉从出版印刷的角度入手，有不少问题值得细细研究。

读这本书的另外一个小感想是，越是细细碎碎、柴米油盐的世俗生活，越具历史意义的耐久力。《小日报》是当年难登大雅之堂的通俗小报，书中选取的这些内容，现在回头看当然都是历史大事，但在当时，可能就如今天我们日常听到的世界各地社会新闻一样，琐琐碎碎，俗不可耐。可是你看，百年过后，跨越半个地球，还有人要重印它们，借它们还艺术的魂，还历史的魂。这个细想下去，也是个有意思的课题。

摆在您眼前的这本书，是在翻印一段历史。从社会史角度说，它再现了晚清中国的一段历史；从出版史角度说，它复活了百年前的一份报纸。而此书一旦印成，本身又成了历史。还是那个艾柯，他说书籍就是记忆传承的载体，原始部落里，长者给年轻人讲祖上口口相传的记忆，年轻人成了长者，又将这些记忆讲给下一辈；而在今天，书籍就是我们的长者，尽管我们知道它也会有错误，但我们还是会很严肃地对待它们。所以，请怀着面对长辈一样的恭敬，翻开这本书吧。

听与看

法国《小日报插图》出版感言

◎毛喻原

真实的历史对我们来说是重要的，因为历史的是否真实直接关系到我们现在的是否劣伪，而现在的是否劣伪又必然会涉及我们的现在能否与我们的未来有效对接。对一个社会的大多数成员而言，生命是否不辜负，人生是否不冤枉，是否不空幻，不虚度，从某种意义上说，要取决于他们生活于其中的历史、现实与他们所期盼的未来是否前后对榫、逻辑呼应、因果连线。

为了更好地还原历史的真实——因为这种真实是现实的根基，未来的保障——我们不仅要学会去听，而且要学会听见，不仅要学会去看，而且要学会看见。因为听与听见不一样，看与看见是两回事。听是有限游戏中生理耳朵的偶然、随意、慵懒动作，听见是无限游戏中灵魂听觉被听的对象给彻底打动、触动与感动，听见的行为中贯穿有一种追寻、探究的人类意志；看指的是在限制中去看，是一个有疆域的活动，而看见是要去发现我们在看的过程中所受到的限制，甚至要去看见这种限制本身。看是在一个有边界的空间去观察一个又一个的事物，而看见则是看到存在全景中一个个不断扩大、外延的视域。听与看的结果是普世意识的进化，普世价值的形成。

从某种意义上说，中国文化属于视觉文化，而西方文化属于听觉文化。这是两种在看与听方面有着明显不同的文化，前者重眼睛（看），后者重耳朵（听）。它们各自的文字起源及其最终定型为这种文化的差异提供了一个有力的佐证。本来，中国文化在看的方面与西方文化相比是具有明显优势的，似乎我们先天就更倾心、偏向视觉、象形、外观、画面之类的东西。无疑，视觉是我们的强项，只可惜在历史上由于种种说得出与说不出的原因，我们的看受到了诸多的限制，我们看得更多是局域之象、零星之象、下阈之象、离散之象。看是看了，但看的东西极其可怜，数量有限，即使看了，实际上又没有看见，诚然看见，其实又没有真正贯通、理解。再加上听的付诸阙如，这就使我们对历史的拼图、还原工作极其地离题不靠谱，极其地拉稀摆带，极其地忽悠有余、较真不足，甚至大有被伪历史彻底玩弄、欺骗之嫌。没有真实的历史，我们的现实就是漂浮的，现实没有被准确定位，那未来肯定就找不到方向，是盲目的。如此，一个社会的宿命就只能是过去对于未来的永远胜利，而不是一个充满理想的未来决胜于一个已成事实的过去。要是一个社会、一个民族它的历史是杜撰的，现实是荒诞的，未来是虚幻的，那一切的一切就棘手到了极点，一切的一切就根本无从谈起，你真的一点办法都没有。而为了规避这种杜撰、荒诞、虚幻，最有效的办法之一恐怕就是我们应该尽量地去多听，并且听见，多看，并且看见，当然，还要多想，并且要想得彻底，想得明白。否则，我们所做的一切都是画中饼、水中月、云中阁。做了也等于白做，也许，不做什么比做什么更强、更好。就像我们说，在一个大踏步倒退的时代，不动就是进步是一个道理。

历史之所以向我们呈现出一种云遮雾绕的景象，是因为我们鲜有去做祛瘴除霾的工作；我们之所以对历史的认识多有混乱、偏差，甚至颠倒，是因为我们勘查的工作踩点不够，样本偏少，参照匮乏。如果我们尽量地多踩点、多样本、多参照，兴许我们就更有可能接近历史的真实与原貌，从而为我们的迈步定下一个更合乎历史进步逻辑的基点。

基于以上的理由，《小日报》的出版可圈可点，可歌可贺，因为它为我们提供了一种打量我们近代历史的他者目光，向我们呈现了一幅幅我们之前从来没有见过的历史画面。无论从文献学、历史学，还是社会学、政治学的角度看，这都是一本珍贵的手绘画册。全书收集的100多幅彩图，大多来自法国的《小日报》，并且全都出自当时法国的名家之手，由报社专门派往中国进行现场采访报道的一流画家兼新闻记者亲自绘制。书中的内容非常丰富，由于有强烈的现场感，所以极具视觉的冲击力，多半能给人留下深刻的印象。既有重大历史时刻的立此存照，比如，关于中国的革命运动、义和团、中国的饥荒、满洲大瘟疫、清太后与皇帝的驾崩、中国使团在巴黎、日军在满洲的残酷报复、远东事件、攻占西藏等；也有近代中国风俗、景物的有趣描绘，比如，中国的第一架飞机、兵站的娱乐、当众剪长辫、蒙古的汽车、中国楼宇、征兵入伍、甲午战争时期的上海港等。其中，有些重要历史人物的大头像，比如慈禧、李鸿章、北京教区主教樊国良、俄国满洲的司令官李尼维去将军等，我想是读者十分愿意目睹的。这些绘画的时间跨度是 1891 年至 1911 年。而这几个年头又恰逢中国近代史上的一个重要拐点——辛亥革命前夕，所以，这些画面就尤其难能多得，显得特别有意思，有意义，很值得我们认真端详，耐心品读。

尽管画册中所记载的大多都是我国近代史上的悲惨事件，比如暴乱、杀戮、瘟疫、饥荒、战争、酷刑，但我仍是相信，只要是真实的历史，我们就没有任何理由忽略、遗忘。因为遗忘历史，意味着同样的悲剧就有可能会再次发生。我认为，我们能从悲惨事件中学到的东西绝不会比从幸福事件中学到的更少。往往是悲惨的事件更能触动我们的内心，让我们更能吸取教训，长记性，赋予我们对人类本性更为人道的理解与认知，从而让我们以及我们生活的这个世界更有可能向更好的方面依情转化、顺势发展。

再版序

◎沈弘

北京时代华文书局 2015 年 3 月出版，由李红利、赵丽莎编译的《遗失西方的中国史：法国〈小日报〉记录的晚清 1891-1911》一书，收入了《小日报》等法国报纸杂志中刊登的有关中国的大量彩色封面和插图，这批彩色图片的数量较大，内容也比较珍贵，属于在国内首次面世，出版之后很受读者欢迎。

不过由于当年此书编得过于匆忙，留下了一些纰漏，尤其是在图片说明的翻译上有一些不妥之处。例如地名和人名的误译：将泉州湾译成了"广州湾"，将旅顺口译成了"抚顺港"，将特命全权大使（Ambassadeur Extraordinaire）译成了"杰出使臣"，将原中海慈禧太后居住的仪鸾殿（Palais D'hiver）译成了"太后宫"，等等。

2021 年 4 月，北京时代华文书局找到我，称鉴于原书翻译质量可更加精进，对一些彩色报刊封面和彩图内容的背景介绍可更加全面，准备编译出版一个新版本，且他们在另一位图片收藏者那里获得了包括上一个版本图片在内的更多的图片，希望我能承担新版本的编译工作，并嘱我针对清末民初这些外国彩色图片的内容背景再编写一些介绍性的短文，以便利读者理解和欣赏这些图片。于是，在随后的几个月中，我仔细阅读了书局提供的所有图片上 100 多年前的法国报刊，重新翻译了所有图片说明，同时还编写了 16 篇介绍图片历史背景的短文。

在编辑过程中，我个人的印象大致有三点：首先，由于我过去对法语的报纸杂志并不是很熟悉，所以书中这些图片最初对我来说相对比较新鲜，有令人刮目相看的感觉。国内的中文史料中过去似乎也很少有人引用过这些图像资料。第二，所有这些图片全是彩色的，这一点我觉得很不简单。众所周知，制作彩图费时费力，印刷成本更高，对印刷质量的要求也要更高些。彩图不仅在读者的视觉效果上显得更为自然和美观，而且作为史料，它们也包含了更多的历史和文化信息。例如人物的服饰，从

上显得更为自然和美观，而且作为史料，它们也包含了更多的历史和文化信息。例如人物的服饰，从皇帝龙袍、李鸿章的黄袍马褂，直至义和团、清军服装和外国官兵的制服等，如果不是彩色的，读者对它们的印象肯定会打折扣。同理，插图中的各种旗帜和建筑如果不是彩色的话，也难以达到理想效果。原本是黑白两色的插图，一旦上色之后，其面貌便焕然一新，给人留下的印象也会更加深刻。伦敦和巴黎我都去过，在我的印象里，法国人似乎比英国人更具艺术细胞，对色彩也更加敏感。罗浮宫和凡尔赛宫的装饰风格就远比大英博物馆和白金汉宫更为奢华和绚丽多彩。我原来对英国教堂的彩绘玻璃和内部装饰印象颇深，但是在参观了巴黎的几个大教堂之后，才知道我所见过的那几个英国大教堂跟巴黎的大教堂相比，在艺术品位上可谓是小巫见大巫。是否由于这个原因，才使得早期法语报刊中会有如此多的彩色图片？

然而遗憾的是，我的第三个印象：法国人对中国人形象的描绘似乎比英国人夸张，尤其清兵的形象就总体而言在此书中显得丑陋。相对于法国画家的漫画风格来说，英国画家的绘画风格就要更为写实得多。在同一时期的《伦敦新闻画报》插图中不乏中国人在各种场合、各种类型的形象：模样俊俏的少女和少妇、天真可爱的儿童、平和淳朴的农民、健壮阳光的黄包车夫和年轻小伙子等。我相信法国画家对中国人的形象也一定会有更多角度的描绘和刻画，所以我希望，能在不久的将来，再编辑一本续集，能容纳不同年代的反映中国的法国报纸杂志，能够看到更加阳光、美好的中国人形象。

目 录
CONTENTS

1891

001 中国的大屠杀（纵火）
LES MASSACRE EN CHINE (Incendies)

003 中国的大屠杀（虐杀）
LES MASSACRE EN CHINE (Supplices)

004 中国的民族主义
LE NATIONALISME EN CHINE

1893

007 对在华基督徒的最新一轮屠杀（水彩画，德帕里斯先生绘）
LES DERNIERSMASSACRES DE CHRÉSTIENS EN CHINE (Aquarelles de M. De Parys)

1894

009 朝鲜事件（首尔骚乱）
LES ÉVÉNTMENTS DE CORÉE (Agitation à Seoul)

011 朝鲜事件（一艘清军水师兵船被日军击沉）
LES ÉVÉNTMENTS EN CORÉE (Un Vaisseau Chinois coulé par les japonais)

013 一名法籍大清海关税务司被中国人所谋杀
ASSASSINAT PAR LES CHINOIS D'UN CONTRÔLEUR DES DOUANES FRANÇAISES

014 一幅日本画（一名日本军官夺取清军旗帜）
UN DESSIN JAPONAIS (Prise d'un drapeau chinois par un officier Japonais)

1895

017 中日甲午战争（上海港）
LA GUERRE SINO-JAPONAISE (Porte de Shang-Hai)

019 法国公使施阿兰先生觐见清朝皇帝
M. GERARD, AMBASSADEUR DE FRANCE, REÇU PAR L'EMPEREUR DE CHINE

021 黑旗军的一名法国俘虏（卡雷尔先生被俘）
UN FRANÇAIS PRISONNIER DES PARVILLON-NOIRS (Captivité de M. Carrere)

1896

023 法国的贵宾（清朝特命全权大使李鸿章总督）
LES HOTES DE LA FRANCE (Le Vice-Roi Li-Hung-Chang, Ambassadeur Extrordinaire de Chine)

024 李（鸿章）
"Li"

1898

027 在中国（国王和……皇帝们的蛋糕）
EN CHINE (Le Gâteur des Rois et ... des Empereurs)

029 永安州的中国狂徒杀害法国传教士苏安宁司铎及两名中国传道师（丹布朗先生绘画）
MASSACRE D'UN MISSIONAIRE, LE PÈRE BERThOLET, ET DE DEUX DE SES CATÉCHUMÈNES PAR DES CHINOIS FANATIQUES, À TUNGKIANG-TCHEOU (Composition de M. Damblans)

030 黑旗军在梧州叛乱
LA RÉVOLTE DES PAVILLONS-NOIRS A WOU-TCHAOU

1899

032 维克托林司铎殉难（维克托林司铎在树上吊了五天之后惨遭斩首，而且刽子手们还不停地蹂躏他的尸体）
LE MARTYRE DU P. VICTORIN (Après que le P. Victorin fut resté suspendu par les mains à un arbre pendant cinq jours, il fut décapité et les bourreaux s'acharnerent son corps.)

035 两位法国军官在广州湾被谋杀
DEUX OFFICIERS FRANÇAIS ASSASSINÉS A GUANG-TCHEOU-WAN

1900

036 法军与清军交战（泉州湾战役）
ENTRE FRANCAIS ET CHINOIS (Le Combat de Quan-Chau-Wan)

039 义和团
LES BOXEURS CHINOIS

041 中国事件（德国水兵攻击总理衙门）
LES ÉVÉNEMENTS DE CHINE (Les marins Allemands brûlent Les Tsung-Li-Yamen)

043 中国事件（义和团拳民们）
LES ÉVÉNEMENTS DE CHINE (Les Boxeurs)

045 中国事件（清朝八旗兵）
LES ÉVÉNEMENTS DE CHINE (Les troupes régulières Chinoises)

047 中国事件（攻占大沽口炮台）
LES ÉVÉNEMENTS DE CHINE (Prise des forts de Takou)

049 西太后（中国的慈禧太后）
SY-TAY-HEOU (Impératrice Douairière de Chine)

051 中国事件（大沽口陷落）
LES ÉVÉNEMENTS DE CHINE (La Prise de Takou)

053 中国的慈禧太后
S. M. L'IMPÉRATRICE DOUAIRIERE DE CHINE

055 中国事件（杀死洋人！）
LES ÉVÉNEMENTS DE CHINE (Mort aux étrangers!)

057 中国事件（在清朝八旗兵保护下的外国人）
LES ÉVÉNEMENTS DE CHINE (Les étrangers sous la garde des réguliers Chinois)

059 北京使馆区遇袭
ATTAQUE D'UNE LEGATION À PÉKIN

061 中国事件（德国公使克林德男爵被杀）
LES ÉVÉNEMENTS DE CHINE (Assassinat du baron de Ketteler, ministre d'Allemagne)

063 北京（被义和团所包围的欧洲公使馆）
PÉKIN (Les légations Européennes assiégées par les rebelles Chinois)

065 中国事件（清军侵袭俄国边境）
LES ÉVÉNEMENTS DE CHINE (Envahissement de la Frontière Russe par les Chinois)

067 中国事件（满洲奉天教堂惨案）
LES ÉVÉNEMENTS DE CHINE (Massacre dans l 'église de Moukden en Mandhourie)

069 在满洲（俄军占领清军的一个炮兵阵地）
EN MANDCHOURIE (Capture d'une batterie Chinois par les Russes)

071 义和团在奉天屠杀中国基督徒
LES CHRÉSTIENS CHINOIS MASSACRÉS A MOUKDEN PAR LES BOXEURS

073 告别波蒂埃海军上将，法国在华海军总司令
LES ADIEUX DE L'AMIRAL POTTIER, COMMANDANT EN CHEF DES FORCES NAVALES EN CHINE

075 北直隶总督李鸿章
LI-HUNG-CHANG, VICE-ROI DU PETCHILI

077 中国事件（征兵入伍）
LES ÉVÉNEMENTS DE CHINE (L'Enrôlements voluntaires en Chine)

079 军队万岁！！！（法国军队从马赛启程，赶赴中国）
VIVE L'ARMÉE !!! (Départ des troupes de Marseille pour la Chine)

081 八国联军向北京进发
MARCHE DES ALLIÉS SUR PÉKIN

083 在大沽口（联军舰队被冰雪封住）
À TAKOU (Les navires des Alliés pris dans les glaces)

085 攻克北京（联军的旗帜飘扬在紫禁城大门的上方）
A PRIS DE PÉKIN (Les drapeux de puissances Alliées florrant sur la porte du Palais Impérial)

087 中国事件（被解救的各国使团）
LES ÉVÉNEMENTS DE CHINE (Les légations délivrées)

089 联军进入北京之后的东交民巷
LA RUE DES LÉGATIONS, À PÉKIN, APRES L'ENTREE DES TROUPES ALLIÉES

091 在上海（华伦将军检阅法国军队）
À Shanghaï (Le Général Voyron passant en revue le detachment français)

093 在北京（联军首脑会议）
À PÉKIN (Un conseil des chefs Alliés)

095 中国事件（李鸿章在俄国和日本军队的护送下出行）
LES ÉVÉNEMENTS DE CHINE (Li-Hung-Chang escorté par les troupes Russes et Japonaises)

097 端亲王的肖像画
PORTRAIT DU PRINCE TUAN

099 进军保定府
EN ROUTE VERS PAO-TING-FOU

101 中国事件（挂在旧州城墙上的十四颗拳民头颅）
LES ÉVÉNEMENTS DE CHINE (Quatorze tetes de boxers aux murs de Tchio-Tchao)

103 中国事件（被法军从保定府解救出来的欧洲人）
LES ÉVÉNEMENTS DE CHINE (Européens délivrés par le detachment français à Pao-Ting-Fou)

105 远征保定府（法军先遣队在一个村庄里升起旗帜）
L'EXPÉDITION DE PAO-TING-FOU (La colonne française d'avant- guarde hissant drapeau dans un village chinois)

107 1900 年世博会（中国楼阁）
EXPOSITION 1900 (Pavillon de la Chine)

109 在中国（一个驻扎在皇陵附近的法军营地）
EN CHINE (Un campement français près de Tombeaux des Empereurs)

110—123 法国教科书等反映庚子之战

1901

125 中国事件（北京教区主教樊国梁阁下）
LES ÉVÉNEMENTS DE CHINE (Mgr. Favier, évêque de Pékin)

127 中国事件（法国人的一次胜利）
LES ÉVÉNEMENTS DE CHINE (Une victoire Française)

129 在中国（孔塔尔中尉阵亡）
EN CHINE (Mort du Lieutenant Contal)

131 中国事件（在保定府的处决）
LES ÉVÉNEMENTS DE CHINE (Exécution à Pao-Ting-Fou)

133 在中国的最新一轮处决
LES DERNIÉRES EXECUTIONS EN CHINE

135 中国事件（仪鸾殿失火，马尔尚上校指挥救援）
LES ÉVÉNEMENTS DE CHINE (Incendie du palais de l'Impératrice—Le Colonel Marchand dirigeant les secours

137 在中国（冬宫仪鸾殿失火）
EN CHINE (Incendie du Palais d'Hiver)

139 中国事件（离开天津回国的法军朱阿夫团）
LES ÉVÉNEMENTS DE CHINE (Les zouaves rapatriés quittant Tien-Tsin)

141 荣军院的马达加斯加国旗和中国国旗
LES DRAPEAUX DE MADAGASCAR ET DE CHINE AUX INVALIDES

143 在天津（德军与英军锡克族士兵之间的冲突）
À TIEN-TSIN (Rixe entre Allemands et auxilliaries Anglais)

144 1901 年法国教科书中的清军军官
Officier Qing dans le manuel de la France en 1901

145 1901 年法国教科书中的义和团士兵
Soldat boxeur dans le manuel de la France en 1901

147 攻占北京（法国人在中国，八里桥之战）
PRISE DE PÉKIN (Les Français en Chine. Bataille de Palikao)

1902

149 马尔尚上校踏上回国旅程
RETOUR DU COLONEL MARCHAND

151 在中国（法兰西与俄罗斯——别太心急！我们还在这儿呢。）
EN CHINE (La France et La Russie—Pas si vite! Nous somme là.)

1903

153 又一种恶习（法国的鸦片烟馆）
UN VICE NOUVEAU (Les fumeries d'opium en France)

1904

154 远东事件（俄国骑兵前往满洲）
LES ÉVÉNEMENTS D'EXTRÊME-ORIENT (Cavalerie russe se rendant en Mandchourie)

157 俄国与日本旅顺口之战，1904 年 2 月 8 日（日本的鱼雷快艇袭击了旅顺口的俄国海军舰队）
8 FÉVRIER 1904—OUVERTURE DES HOSTILITÉS ENTRE LA RUSSIE ET LE JAPON (Un coup force des torpilleurs Japonais contre l'escadre à russe Port-Arthur)

158 攻占西藏（英国军官与西藏人的会晤）
LA CONQUÊTE DU THIBET (Entrevue d'officiers anglais avec les Thibétains)

160 中国的新一轮屠杀（慈禧太后向皇帝展示亲俄罪臣们被砍下的头颅）
NOUVEAU MASSACRE EN CHINE (L'Impératrice douairière présente à l'Emepreur les têtes des manarins accusés d'avoir favorisé les intérêts russes)

163 开炮（旅顺口保卫战）
EN BATTERIE (La défence de Port-Arthur)

164 劫掠（哥萨克骑兵进入一个朝鲜村庄）
EN MARAUDE (Cosaques Visitant un village coréen)

166 远东事件（用雪橇运送俄军的伤病员）
LES ÉVÉNEMENTS D'EXTRÊME-ORIENT (Transport de malades et de blessés russes sur des skis)

169 在满洲（中国人和俄国人）
EN MANDCHOURIE (Chinois et Russes)

170 满洲的雨季（日本炮兵部队正在穿越一个峡谷）
LA SAISON DES PLUIES EN MANDCHOURIE (Artillerie japonaise franchissant un défilè)

173 在中国（法国与日本士兵之间的血腥冲突）
EN CHINE (Sanglante querrelle entre soldats français et japonais)

175 在南非（在矿场工作的中国劳工）
DANS L'AFRIQUE DU SUD (Travailleurs chinois s'engageant dans les mines)

177 在满洲（被汽车救了生命的俄国军官）
EN MANDCHOURIE (Officiers russes sauvés par une automobile)

178 在奉天周围（日军向俄军战壕发起进攻）
AUTOUR DE MOUKDEN (Les Japonais donnent l'assaut aux retranchemants russes)

181 在旅顺口（斯托塞尔将军照料要塞伤员时被炮弹炸伤）
À PORT-ARTHUR (La générale Stoesell blessée par un éclat d'obus en soignant des victimes du siège)

182 满洲边境的清军（马大帅和他的部队）
L'ARMÉE CHINOISE AUX FRONTIÈRES MANDCHOURIE (Le maréchal Ma et ses troupes)

185 满洲的汽车（库罗帕特金将军乘汽车巡视俄军的战线）
L'AUTOMOBILE EN MANDCHURIE (Le général Kouropatkine parcourt les lignes russes en autobile)

1905

186 战役进行之时（《小日报》特派记者在满洲观察战役情况）
PENDANT LA BATAILLE (L'envoyé spécial du Petit Journal en Mandchourie suit les péripéties du combat)

189 俄军在奉天的阵地（对手之间互相交换善意的举动）
DANS LES TRANCHÉES DEVANT MOUKDEN (Echange de bons procédés entre adversaires)

191 满洲的冬天（一支俄国巡逻队发现冻死的日本士兵）
L'HIVER EN MANDCHOURIE (Une patrouille russe decouvre des soldats Japonais morts de froid)

192 奉天大战（库罗帕特金将军下令让俄军撤退）
LA BATAILLE DE MOUKDEN (Le général Kuropatkine donner ordre à ses troupes de battre en retraite)

194 奉天大战结束之后
APRÈS LA GRANDE BATTAILLE DE MOUKDEN

197 李尼维去将军（驻满洲俄军总司令）
LE GÉNÉRAL LINIÉVITCH (Commandant en chef des troupes russes en Mandchourie)

199 在满洲（日军元帅大山岩进入奉天）
EN MANDCHOURIE (Entrée du maréchal Oyama à Moukden)

201 日军在满洲的残酷报复（处决被控亲俄的清朝低层官员）
CRUELLE REPRÉSAILLES DES JAPONAIS EN MANDCHOURIE (Exécution de functionaires chinois accusés de sympathie pour les Russes)

202 在离开哈尔滨的路上（日本骑兵侦察队遇袭）
SUR LA ROUTE DE KHARBIN (Reconnaissance de cavalerie japonais)

204 向满洲的俄军增派援军（西伯利亚铁路上一节运送哥萨克骑兵的车厢）
ENVOI DE RENFORTS A L'ARMÉE RUSSE DE MANDCHOURIE (Un wagon de cavalerie cosaque sur le transsibérien)

206 俄国与日本：交战双方的目前形势
RUSSES ET JAPONAIS: POSITIONS ACTUELLES DES BELLIGRANT

209 旅顺口海军大战（在“皇太子号”军舰上）
LE COMBAT NAVAL AU LARGE DE PORT-ARTHUR (A bord du “Coesarevitch”)

1906

211 中国使团在巴黎（一位中国人站在市议会的讲台上）
UNE MISSION CHINOIS (Un Chinois à la tribune du conseil municipal)

212 香港的可怕台风（成千上万人受害）
TERRIBLE TYPHON À HONG-KONG (Plusieurs milliers de victimes)

214 瓦卡德（捕获侵扰一方的悍匪瓦卡德）
VAHKADER (Capture du brigade Vahkader, qui terrorisait la région)

1907

216 中国的饥荒
LA FAMINE EN CHINE

218 蒙古的汽车（蒙古骑兵在将一辆汽车拖出泥沼）
L'AUTOMOBILISME EN MONGOLIE (Des cavaliers mongols retirent d'un marécage une voiture embourbée)

1908

221 北圻与中国的边境上（法国土著步兵解除中国革命党人的武装）
A LA FRONTIÈRE TONKINO-CHINOISE (Tirailleurs indigènes désarmant les “réformistes” chinois)

223 中国酷刑（在哈尔滨，一名犯人被绑住拇指吊起来并受到铁棍毒打）
SUPPLICES CHINOIS (A Kharbin, des condamnés sont pendus par les pouces et battus à coups de barres de fer)

224 在香港，中国人袭击日本商贩并抢劫其商铺（丹布朗绘画）
À HONG-KONG, LES CHINOIS ATTAQUENT LES MARCHANDS JAPONAIS ET PILLENT LEURS BOUTIQUES (Dessin de Damblans)

227 清太后和皇帝驾崩（慈禧太后和光绪帝的遗体放在长寿宫展示）
LA MORT DES SOUVERAINS CHINOIS (Les corps de l'impératrice Tseu-Si et de l'empereur Kouang-Siu exposes dans le pavillon de la Longévité impériale)

1909

229 中国新军
LA NOUVELLE ARMÉE CHINOISE

1910

231 达赖喇嘛抵达英属印度
L'ARRIVÉE DU DALAI-LAMA AUX INDES ANGLAISES

1911

233 现代化的中国（在上海，人们当众剪掉长辫）
A CHINE SE MODERNISE (A Shanghaï, des Chinois font en public le sacrifice de leur natte)

235 满洲鼠疫（逃难的老百姓在长城边被中国军队拦下）
LA PEST EN MANDCHOURIE (Les populations, fuyant devant le fléau, sont arrêtées par les troupes chinoises aux abords de la Grande Muraille)

237 满洲鼠疫
LA PEST EN MANDCHOURIE

239 兵站的娱乐（一个流动的中国杂技团临时借住在某兵站，并为那儿的官员和守卫们进行表演）
LES PLAISIRS DU "DEPOT" (Des acrobates Chinois, trouvés errants et hospitalités au Dépôt, y donnent une representation pour l'agrément des agents et des gardiens)

241 中国的第一架飞机
LE PREMIR AÉROPLANE EN CHINE

243 中国革命（在汉口处决烧杀抢掠的革命党人）
LA RÉVOLUTIONE CHINOISE (Exécution à Han-Keou de révolutionaries pillards et incendiaires)

245 关于中国的起义运动（中国军队的演变）
À PROPOS DU MOVEMENT INSURRECTIONNEL EN CHINE (L'évolution de l'armée chinoise)

247—252 附录：1911 年后的《小日报》

Le Petit Journal

TOUS LES VENDREDIS
Le Supplément illustré
5 Centimes

SUPPLÉMENT ILLUSTRÉ
Huit pages : CINQ centimes

TOUS LES JOURS
Le Petit Journal
5 Centimes

Deuxième Année
SAMEDI 19 DÉCEMBRE 1891
Numéro

1891 年 12 月 19 日 星期六
第 56 期

《小日报》（插图附加版）
LE PETIT JOURNAL(SUPPLÉMENT ILLUSTRÉ)

Nº 56,
SAMEDI 19 DÉCEMBRE 1891

年度事件

6 月 14 日，光绪帝批准李鸿章等人奏折，同意在胶州湾设防，此为青岛建置之始

6 月 26 日，清政府北洋舰队启程访问日本

10 月，热河地区爆发金丹道起义

康有为开设“万木草堂”

长江流域发生多起教案

中国的大屠杀
纵火

LES MASSACRES EN CHINE
Incendies

1891年4、5月间，扬州、芜湖、丹阳、无锡、九江、宜昌等地接连发生教堂被毁、教士被杀的教案，也成为了"义和团事件"之前最为严重的反教事件，一时间各国驶入长江流域的护侨军舰达二十艘。经在华传教士多方搜寻，发现大多数反洋教书籍均是一个名叫周汉的书商所刻。各国公使向清廷及湖广总督张之洞施压，要求严查此事。
  周汉，1841年出生，湖南宁乡人，曾投身军旅，累积军功被荐为山西补用道，获二品顶戴。1884年后居住于长沙。
  张之洞鉴于周在湖南地区的影响，建议将周发送到甘肃或新疆任职。总理衙门驳回并强令张之洞立刻处理周汉一案，不得拖延。此前李鸿章曾出主意调查周汉的经济问题，并以此惩处周汉，既不碰触民意，也可以给洋人一个交代。但湖广方面经调查给出了一个"周汉乃精神病患者"的结论。
  1897年列强掀起过瓜分中国的狂潮，周汉再度在长沙发布反洋文告。湖南巡抚陈宝箴认为周汉会再引起祸端，就派人将其从宁乡老家拘回长沙看管。结果宁乡生员罢考，长沙士绅也表示声援，陈只好把周扔给张之洞，提出将周押到武汉审讯。张之洞坚决拒绝这个烫手山芋。陈宝箴不得不仿照当年，再次给出周汉患有"精神病"的结论，将其交特殊监狱监禁。

中国的大屠杀
虐杀

LES MASSACRE EN CHINE
Supplices

Les supplices de l'enfer réservés aux chrétiens. — On y voit un porc chrétien scié en deux, un autre pilé dans un mortier — des démons à têtes de cheval et de bœuf président à la torture, tandis que d'autres chrétiens y assistent derrière une grille, en attendant leur tour. Parmi ceux-ci, des étrangers en costume européen. « Malheur aux convertis! dit le texte, tels sont les supplices qui les attendent, eux, leurs femmes, leurs enfants et leurs petits enfants! »

Pour fêter la naissance d'un enfant, sacrifiez un porc et une chèvre. — « Quand l'enfant aura trois jours, nous vous tuerons. Quand l'enfant aura un an, nous vous mangerons. Vous, ce sont les porcs, les chrétiens; eux, ce sont les chèvres, les étrangers. Cette image se répète sous diverses formes en s'appliquant à tous les événements de la vie de famille. Dans celle-ci, le sacrifice est figuré au premier plan; on aperçoit au fond la famille du nouveau-né.

Rendez aux porcs ce qui vient des chèvres. — Des étrangers, en costume européen, apportent une chèvre à la porte d'un temple surmonté de l'inscription *Hing-Tan*, nom d'une école célèbre fondée par Confucius. Leurs présents sont repoussés avec mépris et la morale de cette image, dit le texte, est que les disciples de Confucius ne veulent rien apprendre des chrétiens. A remarquer la couleur verte dont est toujours enluminée la coiffure des étrangers.

A bas les étrangers! Au feu leurs livres! — A gauche, en bas, un *autodafé* que des patriotes contemplent en se bouchant le nez, car les livres étrangers empoisonnent : la religion dépravée qu'ils enseignent ne prêche-t-elle pas le mépris des traditions, des ancêtres et des sages, de Bouddah et des Génies? Au premier plan, un portefaix apporte au bûcher une charge de livres chrétiens. Plus haut, des patriotes assomment des étrangers à coups de bâton.

Les pirates étrangers mis en déroute par l'éventail sacré. — Allusion à la légende d'après laquelle Chu-Ko-Liang, ministre de l'empereur Liu-Pei, ayant régné de 181 à 234 de l'ère chrétienne, mit en déroute une flotte ennemie, après avoir obtenu par ses prières un vent favorable. L'image représente le grand patriote monté sur une jonque de guerre et brandissant l'éventail qui souffle l'incendie sur le vaisseau des barbares occidentaux. L'incendie détruit le navire, ajoute le texte chinois, et les pirates meurent tous dans les flammes.

Soumission générale des porcs et des chèvres. — L'animal fabuleux représenté au milieu du groupe est le Kilin, roi des quadrupèdes. Les porcs sont, comme toujours, marqués des signes *Jésus, missionnaire* et *converti*; les chèvres, du signe *occidental* ou *étranger*. Tous les étrangers réfractaires, tous les chrétiens incorrigibles ont été exterminés des différentes manières représentées précédemment. Les survivants reconnaissent la suprématie de la Chine; ils se prosternent devant sa gloire et célèbrent l'apothéose du fils du Ciel.

Fac-similé d'un album d'imagerie populaire prêchant la guerre contre les Etrangers, publié en 1891 à Tchang-Cha, province de Hou-nan.

中国的民族主义　　　　　　　　　　　　　　LE NATIONALISME EN CHINE

La Chine aux Chinois! — Tel pourrait être le titre d'une publication répandue à foison dans toute la Chine et dont nous reproduisons ici quelques images en résumant le texte qui les accompagne. Ce livre a dû puissamment contribuer à la préparation des événements actuels. Il s'ouvre par une image représentant des Chinois prosternés autour d'un porc crucifié, tandis que derrière eux, des chrétiens courtisent leurs femmes.

Le supplice du porc et de la chèvre. — Le monstre à figure de porc représente un chrétien; la chèvre un étranger. « Au porc dix mille flèches, et vous écouterez ensuite s'il crie encore A la chèvre un bon coup de couteau, qui lui tranche la tête et vous verrez si elle a envie de revenir! » Le porc percé de flèches porte l'inscription *Ye-Su* (Jésus). La chèvre décapitée est marquée *Si* (occidental). Un mandarin à bouton rouge préside à l'exécution.

Les prêtres de Bouddah et de Taou exterminant les démons. — « Aux armes, fervents adeptes de Taï Shang et de Shih Kia, fondateurs de votre foi! Unissez-vous pour chasser les diables étrangers; afin que ces affreux démons ne détruisent pas les statues dorées de vos dieux. » Les démons étrangers sont représentés par trois porcs. Celui du milieu porte l'inscription *Ye Su* (Jésus); celui de droite *Kian-Sze* (missionnaire); celui de gauche *Kian-Tu* (disciple-converti).

La Déroute des barbares et le massacre des captifs. — Le Très Saint Empereur a une place forte où il donne asile à ceux du dedans (les Chinois) et d'où il chasse ceux du dehors (les étrangers). « Notre florissante dynastie est toute puissante, sa renommée est glorieuse, son pouvoir est immense. » L'image représente un Mandarin à cheval, précédé d'une chèvre et d'un porc captifs. Sur les remparts, des têtes coupées de porcs étrangers, surmontés d'étendards chinois.

La secte des porcs (chrétiens) aveuglant les Chinois. — Deux étrangers arrachent les yeux à un Chinois couché sur un lit. Au premier plan, deux Chinois rendus aveugles par la même opération, rampent aux pieds des étrangers devenus leurs maîtres. Allusion à une légende d'après laquelle les missionnaires emploient les yeux de Chinois pour la transmutation du plomb en argent. Les yeux enlevés sont remplacés par du plâtre coulé dans les orbites. Cela s'appelle cacheter un Céleste pour le voyage en Occident.

Extermination des chèvres par tous les tigres. — Lutter contre un tigre est difficile mais quand tous les tigres s'élancent à la fois, qui oserait braver le torrent révolutionnaire? Les chèvres seront donc exterminées. Dans l'image, les tigres représentent, bien entendu, les patriotes chinois et les chèvres sont marquées du signe *Si* (occidental ou étranger.) Comme dans toutes les enluminures analogues, les étrangers, chèvres ou porcs, ont la tête coloriée en vert.

Fac-simile d'un album d'imagerie populaire prêchant la guerre contre les Etrangers, publié en 1891 à Tchang-Cha, province de Hou-nan.

选自《画刊》，1900 年 7 月 28 日。一本宣讲抗击外国入侵者战争的畅销画册的影印本，这本画册 1891 年出版于湖南省长沙市。

ième année N° 44

EDITION D'AMATEUR

Dimanche 8 octobre

L'Illustré SOLEIL DU DIMANCHE

1893 年 10 月 8 日 星期日
第 41 期

《插图版礼拜日的太阳》
L' ILLUSTRÉ SOLEIL DU DIMANCHE

N°41,
DIMANCHE 8 OCTOBRE 1893

年度事件

法国征服越南

张之洞创办汉阳铁厂、自强学堂

《中英藏印续约》签订

对在华基督徒的最新一轮屠杀
水彩画，德帕里斯先生绘

LES DERNIERSMASSACRES DE CHRÉISTIENS EN CHINE
Aquarelles de M. De Parys

Le Petit Journal

TOUS LES JOURS
Le Petit Journal
5 Centimes

SUPPLÉMENT ILLUSTRÉ
Huit pages : CINQ centimes

TOUS LES DIMANCHES
Le Supplément illustré
5 Centimes

Cinquième année — LUNDI 13 AOUT 1894 — Numéro 195

1894 年 8 月 13 日 星期一
第 195 期

《小日报》（插图附加版）
LE PETIT JOURNAL（(SUPPLÉMENT ILLUSTRÉ)）

Nº 195,
LUNDI 13 AOÛT 1894

年度事件

6 月 11 日，清军指挥官叶志超不战而走，致使日军占领平壤

7 月 25 日，丰岛海战爆发

8 月 1 日，清廷被迫正式向日本宣战，是为中日甲午战争的开始

9 月 17 日，甲午黄海海战开始

11 月 21 日，日军攻占“东亚第一堡垒”旅顺口后，进行了野蛮的旅顺大屠杀

11 月 24 日，孙中山在夏威夷檀香山建立了中国第一个资产阶级革命团体——兴中会

朝鲜事件
首尔骚乱

LES ÉVÉNTMENTS DE CORÉE
Agitation à Seoul

1894 年 8 月 13 日 星期一 第 195 期	《小日报》（插图附加版） LE PETIT JOURNAL（SUPPLÉMENT ILLUSTRÉ）	Nº 195, LUNDI 13 AOÛT 1894

1894 年 7 月 25 日，清政府雇用的英国商船高升号从塘沽起航，运送中国士兵前往朝鲜牙山，遭埋伏在丰岛附近海面的日本浪速号巡洋舰偷袭被击沉，船上大部分官兵殉国，史称高升号事件。

朝鲜事件
一艘清军水师兵船被日军击沉

LES ÉVÉNTMENTS EN CORÉE
Un Vaisseau Chinois coulé par les japonais

| 第 200 期 | LE PETIT JOURNAL（(SUPPLÉMENT ILLUSTRÉ)） | LUNDI 17 SEPTEMBRE |
| | | 1894 |

　　1894 年 4 月 18 日，就在中日战争爆发前夕，法国政府新任命的驻华公使施阿兰抵达北京，其除了保全与维护法国在中国所有的既得权益和特权外，另一项重要任务就是与中国划定中越边界，进一步开拓中越之间的交通与贸易关系。中日开战，无疑是法国实现这一目的的良机。

一名法籍大清海关税务司
被中国人所谋杀

ASSASSINAT PAR LES CHINOIS D'UN CONTRÔLEUR DES DOUANES FRANÇAISES

《小日报》（插图附加版）

LE PETIT JOURNAL（SUPPLÉMENT ILLUSTRÉ）

1894年10月29日 星期一
第206期

N° 206,
LUNDI 29 OCTOBRE 1894

一幅日本画
一名日本军官夺取清军旗帜

UN DESSIN JAPONAIS
Prise d'un drapeau chinois par un officier japonais

Le Petit Journal

SUPPLÉMENT ILLUSTRÉ

Huit pages : CINQ centimes

Le Petit Journal
CHAQUE JOUR 5 CENTIMES
Le Supplément illustré
CHAQUE SEMAINE 5 CENTIMES

ABONNEMENTS

	TROIS MOIS	SIX MOIS	UN AN
PARIS	1 fr.	2 fr.	3 fr 50
DÉPARTEMENTS	1 fr.	2 fr.	4 fr.
ÉTRANGER	1 50	2 50	5 fr.

...ième année — DIMANCHE 6 JANVIER 1895 — Numero 216

1895 年 1 月 6 日 星期日
第 216 期

《小日报》
LE PETIT JOURNAL

Nº 216,
DIMANCHE 6 JANVIER 1895

年度事件

1 月下旬至 2 月初，威海战役中北洋舰队全军覆没

2 月 13 日，清政府任命李鸿章为“头等全权大臣”赴日议和

4 月 17 日，《马关条约》签订，割辽东半岛、台湾、澎湖列岛给日本，赔偿日本军费白银二万万两

5 月 2 日，康有为联合在北京会试的各省举人一千三百多人于松筠庵商议，联名上书光绪皇帝，史称“公车上书”

5 月 5 日，在俄、德、法等国的干预下，日本政府声明愿意放弃辽东半岛，但清政府须加付“赎地费”白银三千万两

5 月 25 日，“台湾民主国”建立，唐景崧出任总统

8 月 17 日，康有为在北京创办《万国公报》（后改为《中外纪闻》）

10 月 26 日，孙中山策划的第一次广州起义失败，陆皓东被捕

12 月 8 日，清政府命浙江温处道袁世凯在天津小站督练“新建陆军”（小站练兵）

12 月 27 日，张之洞奏请编练自强军、修筑沪宁铁路及举办邮政

中日甲午战争
上海港

LA GUERRE SINO-JAPONAISE
Porte de Shang-Hai

| 第218期 | LE PETIT JOURNAL（SUPPLÉMENT ILLUSTRÉ） | DIMANCHE 20 JANVIER 1895 |

　　1894年11月12日，中日激战正酣，光绪帝在文华殿接见了英、法、俄、美、西班牙、比利时、瑞典等国驻华公使，并亲自用满语致答词。早在一天前（11月11日），光绪帝就想在各国使臣觐见时"赐宝星（勋章）"，以加强与各国的联络。这次觐见也成了光绪帝力图摆脱传统外交（天朝体系下的华夷秩序）的束缚，在程式上向近代外交靠拢的尝试。参加觐见的法国公使施阿兰后来评论："这次觐见本身标志着西方同中国关系史上的一个新纪元。这是破天荒第一遭让君王神圣不可接近和不可仰望的信条（直到那天为止，中国礼仪使它带上偶像崇拜的性质），被纯粹的外交礼仪所替代。"

法国公使施阿兰先生觐见清朝皇帝

M. GERARD, AMBASSADEUR DE FRANCE,
REÇU PAR L'EMPEREUR DE CHINE

第 249 期　　　　　　　LE PETIT JOURNAL（SUPPLÉMENT ILLUSTRÉ）　　DIMANCHE 25 AOÛT 1895

　　黑旗军原本是太平天国革命期间，活动于我国两广边境的一支地方武装，因以七星黑旗为军旗而得名。1865年，黑旗军首领刘永福率部加入以吴亚忠为首的天地会起义军。1867年由于清军的进攻，黑旗军进驻保胜（今越南老街）。后因抗击法军的英勇表现，刘永福被越南国王授予三宣副提督之职。中法战争中更是协同老将冯子材的部队，创造了打死法军74人的镇南关大捷，从而扭转了战争形势。之后，刘永福返回中国，部队被清廷解散。甲午战争中黑旗军奉命重组后，由刘永福率领进驻台湾岛，后日军入侵，将士大多战死。

黑旗军的一名法国俘虏
卡雷尔先生被俘

UN FRANÇAIS PRISONNIER DES PARVILLON-NOIRS
Captivité de M. Carrere

Le Petit Journal

Le Petit Journal
CHAQUE JOUR 5 CENTIMES
Le Supplément illustré
CHAQUE SEMAINE 5 CENTIMES

SUPPLÉMENT ILLUSTRÉ
Huit pages : CINQ centimes

ABONNEMENTS

	SIX MOIS	UN AN
SEINE ET SEINE-ET-OISE	2 fr.	3 fr. 50
DÉPARTEMENTS	2 fr.	4 fr.
ÉTRANGER	2 50	5 fr.

ptième année　DIMANCHE 26 JUILLET 1896　Numéro 297

1896年7月26日 星期日
第297期

《小日报》（插图附加版）
LE PETIT JOURNAL（SUPPLÉMENT ILLUSTRÉ）

Nº 297,
DIMANCHE 26 JUILLET
1896

1905年，中国刚刚经历了中日甲午战争的惨败和丧权辱国《马关条约》的签订这两大事件。时任直隶总督兼北洋大臣，并作为钦差大臣签订《马关条约》的李鸿章，一时间名誉扫地。清廷革除了他所有的实职，只给他保留了文华殿大学士的虚衔。

第二年，俄国政府邀请清政府派人参加同年5月26日俄国沙皇尼古拉二世的登基加冕，同时还想跟中国讨论如何限制日本在中国东北的利益等问题。清廷便决定派赋闲在家的李鸿章作为特命全权大使率领使团赴俄，并同时顺访德、荷、比、法、英、美、加等欧美国家。当时李鸿章年已古稀，且是首次出访欧美，所以随行行列中不仅有一口为他准备的楠木棺材，而且还有一只装生蛋母鸡的鸡笼。

1906年3月28日，李鸿章一行乘法轮从上海出发，经太平洋、印度洋和苏伊士运河，又改乘俄轮于4月27日抵达俄国黑海港口敖德萨，从那儿改乘火车前往圣彼得堡。在俄国，李鸿章使团一共逗留了45天。在这段时间中，李鸿章一直是舆论关注的要点。在沙皇的加冕仪式上，有一个仪式是乐队高奏各国国歌。但当时的清朝并没有国歌，于是李鸿章便起身扯着嗓子唱了一段家乡安徽的庐剧，以代替国歌。5月27日，各国显要入宫祝贺时，李鸿章在首席贺臣的贵宾之列，风光一时。除了参加沙皇尼古拉二世的加冕仪式之外，李鸿章还跟尼古拉二世进行了两次秘密会谈，以商讨谈判签约《中俄密约》一事。

6月11日，李鸿章一行乘火车离开俄国，并于13日抵达德国柏林，受到了盛大欢迎。6月14日下午，李鸿章前往皇宫觐见了德国皇帝威廉二世，呈交国书，并致贺词。第二天，他又拜访德国的外相马歇尔，与其进行了交谈。几天后，他应邀参观了德国军队，对其精良装备和高昂士气留下了深刻的印象。6月25日，他又赶往汉堡附近的福里德里斯鲁，拜访了德国前首相俾斯麦。后者设家宴招待，并与他相谈甚欢。在德国逗留期间，李鸿章还接受德国商界的宴请，应邀参观了德国工厂，并在克虏伯兵工厂订购了大炮。

7月4日，李鸿章使团乘火车离开德国，到达荷兰首都海牙。5日晚，荷兰政府为他举行了盛大的招待会和晚会，李鸿章在看完歌舞表演后，当场赋诗一首：“出入承明四十年，忽来海外地行仙，华筵盛会娱丝竹，千岁灯花喜报传。”他还被授予一枚金狮子大十字宝星勋章。

7月8日，李鸿章使团离开荷兰，到达比利时首都布鲁塞尔。第二天，他觐见了比利时国王利奥波德二世，并跟后者讨论了修建卢汉铁路的问题。在比利时访问期间，李鸿章还观看了军事演习、参观了兵工厂。兵工厂的产品美不

法国的贵宾
清朝特命全权大使李鸿章总督

LES HOTES DE LA FRANCE
Le Vice-Roi Li-Hung-Chang, Ambassadeur Extrordinaire de Chine

胜收，令他倍加赞赏。兵工厂的老板见他这么喜欢，就表示愿意送一门大炮给他。后来这门大炮果然被送到了北京。

7 月 13 日，李鸿章赶在法国国庆节的前夕来到了巴黎，并受到了盛大的欢迎。在法国国庆节那一天（7 月 14 日），李鸿章去爱丽舍宫觐见了法国总统富尔，应邀观看了国庆节的军事表演，还参加了其他的国庆活动。晚上，他夜游塞纳河，充分感受到了法国人的浪漫。两天后，法国政府还专门为他举行了一场欢迎晚会。李鸿章访问法国的一项重要任务是跟法国外长汉诺多谈判“照镑加税”的事宜，及要求增加法国出口中国货物的关税。但是法方提出了苛刻的条件，令李鸿章无法接受。

8 月 2 日，在结束了对法国的访问之后，李鸿章使团乘坐法轮渡过了英吉利海峡，开始了对英国的 20 天访问。8 月 4 日，李鸿章拜见英国首相兼外长索尔茨伯里，并跟他谈了增加关税的可能性。但对方坚持不松口，使李鸿章感到十分失望。为了观看英国海军的演习，李鸿章专程赶到了朴次茅斯，并在港口受到了 19 响礼炮的礼遇。英国海军在排阵布局上的训练有素给他留下了难忘的印象。在参观造船厂的过程中，他对各种舰船的性能和装备表现出了极大的兴趣。之后，他专程去觐见了维多利亚女王。女王给予他极高的礼遇，并且授予他维多利亚头等大十字宝星勋章。8 月 15 日，李鸿章访问了格林尼治的天文台，同时接受了海底电缆公司总办的宴请。总办赠予他两条一英尺长的海底电缆，并且在参观电报局时当场给上海招商局发了一封 68 字的电报。25 分钟后，李鸿章便收到了盛宣怀的回电。电报通讯的神速令他感叹不已。

8 月 24 日，李鸿章使团从伦敦启程前往美国，准备开始他的环球旅行最后一站的访问。28 日那天，轮船抵达了纽约。第二天，美国总统克利夫兰在寓所中接见了李鸿章，后者转交了光绪皇帝和慈禧太后给美国总统的信。9 月 2 日，李鸿章会见美国传教士和商人代表，以及在美华人的代表和报社记者，同时发表了反对美国排华法案的著名演说。9 月 6 日，李鸿章使团乘专列离开美国前往加拿大，并从加拿大坐轮船返回中国。

李鸿章此次出访欧美，从 3 月 28 日离开上海，到 10 月 3 日回到天津，前后共 190 天。其行程跨四大洲、三大洋，水陆兼程 9 万多里，遍访欧美 8 个国家，创下了中国外交史上的一个里程碑。

《名利场》[1] 1896 年 8 月 13 日 VANITY FAIR, AUG 13, 1896
李（鸿章）
“Li”

1 又译为“浮华世界”，美国著名文化生活类时尚杂志，内容包括政治、名人、图书、幽默、新闻、艺术和摄影。

GUTH 96

Le Petit Journal

Le Petit Journal
CHAQUE JOUR 5 CENTIMES
Le Supplément illustré
CHAQUE SEMAINE 5 CENTIMES

SUPPLÉMENT ILLUSTRÉ
Huit pages : CINQ centimes

ABONNEMENTS

	SIX MOIS	UN AN
SEINE ET SEINE-ET-OISE	2 fr.	3 fr. 50
DÉPARTEMENTS	2 fr.	4 fr.
ÉTRANGER	2 50	5 fr.

euvième année — DIMANCHE 16 JANVIER 1898 — Numéro 374

1898 年 1 月 16 日 星期日
第 374 期

《小日报》（插图附加版）
LE PETIT JOURNAL（SUPPLÉMENT ILLUSTRÉ）

Nº 374,
DIMANCHE 16 JANVIER 1898

年度事件

6 月 9 日，《展拓香港界址专条》在北京签订，英国强行租借界限街以北、深圳河以南的九龙半岛北部以及附近大小 235 个岛屿（后统称“新界”），租期 99 年

6 月 11 日，光绪皇帝颁布《明定国是诏》，表明变更体制的决心，百日维新拉开序幕

9 月 21 日，慈禧太后发动戊戌政变，囚禁光绪帝于中南海瀛台，变法宣告失败

1898 年，在美西战争中取得胜利的美国人发现，中国已被列强瓜分完毕。为了维护本国利益，1899 年，美国国务卿海约翰先后向英、俄等六国政府发布照会，提出了“门户开放”政策，要求贸易均等，“利益均沾”

在中国

国王和……皇帝们的蛋糕

EN CHINE

Le Gâteur des Rois et ... des Empereurs

Onzième année. — N° 26. DIX CENTIMES Paris. Seine et Seine-et-Oise ÉDITION LITTÉRAIRE QUINZE CENTIMES dans les départements Dimanche 26 Juin 1898.

L'Illustré SOLEIL DU DIMANCHE

1898 年 6 月 26 日 星期日
第 26 期

《插图版礼拜日的太阳》

L' ILLUSTRÉ SOLEIL DU DIMANCHE

N°26,
DIMANCHE 26 JUIN 1898

永安教案与法国天主教传教士苏安宁司铎

1898 年 4 月 21 日，广西爆发了震惊中外的“永安教案”，法国天主教传教士苏安宁司铎（Père Bertholet）和他的两位中国助手和传道师遭到永安州当地一群人的追杀，酿成血案。这究竟是怎么一回事呢？此教案的来龙去脉如下：

从 1886 年起，法国天主教在广西省的象州县的龙女村建立了传教点，并以此为据点，不断地向周边地区扩展。1890 年，苏安宁出任了龙女村教堂的本堂司铎之后，更是加速了当地的传教活动，并逐渐将天主教的势力扩展到了象州周边的修仁、荔浦和永福等县。1898 年 3 月 25 日，苏安宁带着本地传道师唐启虞等助手前往附近的永安州，试图在那儿开辟新的传教站。在当地东平里蒙寨村村民罗天生的帮助下，很快就在那儿发展出了一批教徒。为了巩固这一成果，他开始策划在永安建造一座教堂。

1898 年 4 月 21 日，苏安宁一行在一些教徒的陪同下，前往修仁县，去向那儿的天主教堂请求资金和工程师方面的援助。永安州的县官甚至还派了一队士兵护送苏安宁一行上路。途径古排塘村时天已晌午，他们便停下来休息和吃午饭。在村里联兴酒店的墙上他们看到了一张禁止当地人入教的揭帖，便与店主李元康发生了争执。然而该酒店是当地几个村庄的地方武装团练联合经营的，而古排塘村的乡绅黄政球是酒店的最大股东。当黄政球得知消息后，便率领一批人赶来援助店主李元康时，苏安宁拔出了手枪，试图进行抵抗。于是冲突迅速升级，其结果就是苏安宁和他的两名本地助手唐启虞和彭亚昌这两名传道师被杀，造成了“永安教案”这场悲剧。

永安州的中国狂徒杀害法国传教士
苏安宁司铎及两名中国传道师
丹布朗先生绘画

MASSACRE D'UN MISSIONAIRE, LE PÈRE BERThOLET, ET DE DEUX DE SES CATÉCHUMÈNES PAR DES CHINOIS FANATIQUES, À TUNGKIANG-TCHEOU.
Composition de M. Damblans

黑旗军在梧州叛乱

1898 年 7 月 31 日星期日
第 25 期发行第 1 年

《国家画报》
L' illustré National

LA RÉVOLTE DES PAVILLONS-NOIRS A WOU-TCHAOU

N°25, 1er Année,
Dimanche 31 Juillet 1898

1899年4月16日 星期日
第1163期

《虔诚者报》
LE PETIT JOURNAL

LE PÈLERIN, N° 1163,
DIMANCHE, 16 AVRIL 1899

维克托林司铎殉难

维克托林司铎在树上吊了五天之后惨遭斩首，而且刽子手们还不停地蹂躏他的尸体

LE MARTYRE DU P. VICTORIN

Après que le P. Victorin fut resté suspendu par les mains à un arbre pendant cinq jours, il fut décapité et les bourreaux s' acharnerent son corps.

Le Petit Journal

Le Petit Journal
CHAQUE JOUR 5 CENTIMES
Le Supplément illustré
CHAQUE SEMAINE 5 CENTIMES

SUPPLÉMENT ILLUSTRÉ
Huit pages : CINQ centimes

ABONNEMENTS

	SIX MOIS	UN AN
SEINE ET SEINE-ET-OISE	2 fr.	3 fr. 50
DÉPARTEMENTS	2 fr.	4 fr.
ÉTRANGER	2 50	5 fr.

ixième année | DIMANCHE 3 DÉCEMBRE 1899 | Numéro 472

1899 年 12 月 3 日 星期日
第 472 期

《小日报》（插图附加版）
LE PETIT JOURNAL（SUPPLÉMENT ILLUSTRÉ）

Nº 472,
DIMANCHE 3 DÉCEMBRE
1899

年度事件

7 月 20 日，康有为创立保皇会
俄罗斯租借旅顺
义和团兴起，山东滕县民间秘密结社风靡一时

“湛江人民抗法斗争”：1898—1899 年间，湛江地区发生了一场以农民为主力、地方官绅和各界人士参与的反抗法国强租“广州湾”的大规模武装斗争。因主要发生在当时的遂溪县东南沿海地区，又称“遂溪抗法斗争”。

两位法国军官在广州湾被谋杀

DEUX OFFICIERS FRANÇAIS ASSASSINÉS
A GUANG-TCHEOU-WAN

法军与清军交战
泉州湾战役

1900年1月21日星期日
第572期

《小巴黎人报》
LE PETIT PARISIEN

N°572,
DIMANCHE 21 Janvier 1900

ENTRE FRANCAIS ET CHINOIS
Le combat de Quan-Chau-Wan

E MEAULLE

Douzième année — N° 593. Huit pages : CINQ centimes Dimanche 17 Juin 1900.

Le Petit Parisien

TOUS LES JOURS
Le Petit Parisien
5 CENTIMES.

SUPPLÉMENT LITTÉRAIRE ILLUSTRÉ

DIRECTION: 18, rue d'Enghien, PARIS

TOUS LES JEUDIS
SUPPLÉMENT LITTÉRAIRE
5 CENTIMES.

1900 年 6 月 17 日 星期日
第 593 期

《小巴黎人报》（插图文学附加版）
LE PETIT PARISIEN(SUPPLÉMENT LITTÉRAIRE ILLUSTRÉ)

N° 593,
DIMANCHE 17 JUIN 1900

年度事件

1 月 5 日，清廷批准法国租借广州湾并订立条约

1 月 9 日，山东义和团数百人，将直隶清河大寨庄教堂焚毁后返回山东

1 月 24 日，慈禧太后诏立端王载漪之子溥儁为大阿哥

4 月 5 日，北京出现义和团坛口和揭帖，宣称“消灭洋鬼子之日，便是风调雨顺之时”

4 月 10 日，袁世凯镇压山东义和团。

5 月 24 日，各国公使照会清廷，将驻军北京使馆

6 月 6 日，慈禧太后决定利用义和团抵御洋人

6 月 7 日，义和团大批涌入北京

6 月 10 日，西摩尔率英、美、奥、意、俄、法、德、日八国联军两千余人，向北京进发

6 月 13 日，八国联军在廊坊遭义和团袭击

6 月 16 日，慈禧太后向列强各国宣战

6 月 17 日，八国联军攻陷天津大沽炮台

6 月 20 日，德国公使克林德被清军开枪打死

7 月 7 日至 13 日，清军日夜炮击北京使馆

7 月 14 日，八国联军从大沽口进攻天津后，血洗天津

7 月 17 日，俄军屠灭江东六十四屯居民

8 月 3 日，俄军大举入侵东北

8 月 5 日，盛宣怀向英大东公司、丹麦大北公司借款 21 万英镑，架大沽至上海海底电线

8 月 15 日，北京沦陷，慈禧太后带着光绪帝等出京西逃

8 月 19 日，俄军闯入颐和园，大肆抢劫

8 月 20 日，清廷以光绪帝名义发布“罪己诏”，向列强致歉

10 月 11 日，李鸿章抵京议和

10 月 26 日，慈禧太后等逃至西安

11 月 13 日，清廷被迫将十名王公大臣革除

11 月 10 日，八国联军成立“管理北京委员会”

11 月 27 日，清廷接受列强提出的《议和大纲》12 款

义和团　　LES BOXEURS CHINOIS

第 505 期　　　　　　　LE PETIT JOURNAL (SUPPLÉMENT ILLUSTRÉ)　　　DIMANCHE 17 JUIN 1900

总理衙门

　　总理衙门，全称总理各国事务衙门，是清政府中主管洋务和外交事务，并兼管通商、海防、关税、路矿、邮电、军工、同文馆、派遣留学生等事务的机构。它成立于1861年3月1日，即在第二次鸦片战争失败之后，而在义和团运动失败之后的1901年，根据《辛丑条约》第12款，总理衙门正式改名为"外务部"。

　　总理衙门由王公大臣或军机大臣兼领，并仿军机处体例，设大臣、章京两级职官。有总理大臣、总理大臣上行走、总理大臣上学习行走、办事大臣。初设时，奕䜣、桂良、文祥3人为大臣，此后人数略有增加，从七八人至十多人不等，其中奕䜣任职时间长达28年之久。大臣下设总办章京（满汉各两人）、帮办章京（满汉各一人）、章京（满汉各10人）、额外章京（满汉各8人）。但该机构主要负责外交事务的执行而非决策，决策权主要掌握于皇帝（实权在于慈禧太后）以及军机大臣决定，由于早期负责的恭亲王和文祥都是具有影响力的军机大臣，因此其提案大多能获通过。19世纪60年代在恭亲王领导下，总理衙门在外交事务的处理上有较多的发挥，包括处理《北京条约》之后的善后事宜，1866年出访欧洲的斌椿、蒲安臣等使团，1868年的《天津条约》修约相关问题，以及海关事务的处理等。除了外交事务之外，总理衙门也是早期自强运动中各种洋务事业的领导者，一方面它可用于听取包括外国使臣以及负责海关的赫德等西方人士的建议，来推行和提倡相关事业，另一方面，恭亲王等总理大臣本身也是实权人物，因此总理衙门也实际推动包括新式教育、交通、工业、经济，尤其海关、军事等现代化建设。但当时西方人却老是认为它因循守旧，常因拖沓而误事；而保守派则批评它崇洋媚外，出卖中国利益。总理衙门在1870以后在北方洋务事业的重要性也逐渐下降，其领导地位逐渐由李鸿章在天津的通商大臣兼直隶总督的地位所取代。但李鸿章于1901年去世之后，已改名为外务部的原总理衙门再次成为清政府的最高外交机构。

　　总理衙门的东院院落内是隶属于总理衙门的京师同文馆。这是中国最早一所教授西方知识的官办外语学院、外交学院和文理学院，为清末民初的外交事业和现代化建设培养了不少人才。同文馆在1900年的义和团运动中受到了很大破坏。1903年它被并入京师大学堂，并改名为译学馆。

中国事件
德国水兵攻击总理衙门

LES ÉVÉNEMENTS DE CHINE
Les marins Allemands brûlent Les Tsung-Li-Yamen

1900 年 6 月 24 日 星期日
第 501 期

《小日报》（插图附加版）
LE PETIT JOURNAL（SUPPLÉMENT ILLUSTRÉ）

Nº 501,
DIMANCHE 24 JUIN 1900

义和团运动

义和团早期又称义和拳，义和团运动（亦称拳乱）是 19 世纪末以“扶清灭洋”为口号的一场农民运动，其斗争的矛头不仅针对在华的所有外国人，而且也针对接受洋教的中国基督徒，其结果就是它不仅招来了八国联军的严厉镇压，同时也加速了清朝的灭亡。

义和团运动起源于山东、直隶（今河北）等地的民间秘密会社。他们通过设立神坛、画符请神和聚众练拳等方式积蓄势力，并愚昧地相信他们所练之拳是铁布衫和金钟罩，真的可以保佑他们刀枪不入。早期的义和拳就跟清朝的许多秘密会社那样是反对满清王朝的，但是随着国内的主要矛盾从满汉之争逐渐演变为中外之争，义和团也开始与时俱进地推出了支持清朝，反对洋人的策略。1898 年，义和团的一位首领赵三多喊出了“扶清灭洋”的口号。它很快就成为了义和团运动的宗旨。

随着华北地区自然灾害和教案的频繁发生，1900 年春天义和团运动就像燎原的野火一般在直隶省蔓延开来。义和团的成员们在各地攻击并烧毁教堂，围攻和杀害基督徒，并将矛头对准了来华的西方传教士和在华的所有外国人。在清廷的纵容和秘密引导下，义和团组织先是对天津租界发起了攻击，然后又大量涌入了北京。端郡王载漪和庄亲王载勋将他们改编成“虎神营”，与清军一起成为了反洋的势力。在以载漪和载勋为代表的主战派的诱导和逼迫下，慈禧太后于同年 6 月 19 日同时向英、美、法、德、俄、日、意、奥，以及比利时、荷兰和西班牙等 11 国宣战，并下了最后通牒，要在京的所有外国人在 24 小时之内离开北京。从而引发了八国联军攻打天津和北京的战争。

在义和团运动中，其成员们杀害了不少本地的基督徒，摧毁了数目甚多的教会学校和在京的两个著名教会大学——汇文大学堂和潞河书院，以及抢劫了有传教士任教的京师大学堂。但是在对外国人的战斗中却并无任何值得称道的建树。为此，在义和团运动的后期，义和团遭到了清政府的抛弃和镇压。

1901 年，战败的清王朝被迫与上述 11 个国家签订了丧权辱国的《辛丑条约》。

中国事件
义和团拳民们

LES ÉVÉNEMENTS DE CHINE
Les Boxeurs

TOUS LES JOURS
Le Petit Parisien
5 CENTIMES.

SUPPLÉMENT LITTÉRAIRE ILLUSTRÉ
DIRECTION: 18, rue d'Enghien, PARIS

TOUS LES JEUDIS
SUPPLÉMENT LITTÉRAIRE
5 CENTIMES

1900 年 7 月 1 日 星期日
第 595 期

《小巴黎人报》
LE PETIT PARISIEN

N°595,
DIMANCHE 1er JUILLET 1900

八旗兵与绿营兵

清军大致可以分为两个部分，即八旗兵与绿营兵。在正常情况下，八旗兵的编制为 20 万人，绿营兵为 60 万人，共达 80 万人。

所谓八旗，是指满洲原女真人部族的组织形式和军事编制单位，以各单位旗帜的颜色命名，它们分别是正黄旗、正白旗、正红旗、正蓝旗、镶黄旗、镶白旗、镶红旗和镶蓝旗。努尔哈赤的军队便是由这八个旗的旗人所组成，被称作“满洲八旗”。他的儿子和继位者皇太极清太宗后来又先后建立了“蒙古八旗”和“汉军八旗”。所以，平时人们所说的八旗兵实际上共有 24 个旗。早期的八旗兵英勇善战，擅长骑射，为清朝征服明朝立下了汗马功劳。平定天下之后，清政府仍然十分重视这支训练有素和装备精良的嫡系部队，并将它们主要部署在京师地区和各个重要的城市，以及其他的一些战略要地。在当时的外国人眼中，八旗兵无疑就是清军中的中央军和正规军。

然而中国地域广阔，20 万精兵并不足以担负起保家卫国的重任，所以清军入关之后，又陆续改编和新招了 60 万人的汉人军队，因其采用绿色的旗帜，所以称作绿营兵。绿营兵不归清廷直接指挥，而是隶属于各行省的地方政府，其职责主要是配合八旗兵的卫戍任务和军事行动。一般来说，作为地方部队的绿营兵纪律比较松懈，军事素养不足，装备也较差，所以其战斗力并不像八旗兵那么强。因此，绿营兵被当时的外国人视为清军中的杂牌军和非正规军。

中国事件
清朝八旗兵

LES ÉVÉNEMENTS DE CHINE
Les troupes régulières Chinoises

TOUS LES JOURS
e Petit Parisien
5 CENTIMES.

SUPPLÉMENT LITTÉRAIRE ILLUSTRÉ
DIRECTION: 18, rue d'Enghien, PARIS

TOUS LES JEUDIS
SUPPLÉMENT LITTÉRAIRE
5 CENTIMES

1900 年 7 月 8 日 星期日
第 27 期　发行第 3 年

《多姆山导报》（周日插图附加版）
LE MONITEUR DU PUY-DE-DOME (SUPPLÉMENT ILLUSTRÉ DU DIMANCE)

N° 27, Troisième Année,
Dimanche 8 Juillet 1900.

中国事件
攻占大沽口炮台

LES ÉVÉNEMENTS DE CHINE
Prise des forts de Takou

1900 年 7 月 8 日 星期日
第 503 期

《小日报》（插图附加版）
LE PETIT JOURNAL（SUPPLÉMENT ILLUSTRÉ）

N° 503,
DIMANCHE 8 JUILLET 1900

西太后
中国的慈禧太后

SY-TAY-HEOU
Impératrice Douairière de Chine

1900 年 7 月 8 日 星期日
第 596 期

《小巴黎人报》（插图文学附加版
LE PETIT PARISIEN(SUPPLÉMENT LITTÉRAIRE ILLUSTRÉ)

N°596,
DIMANCHE 8 JUILLET 1900

中国事件
大沽口陷落

LES ÉVÉNEMENTS DE CHINE
La Prise de Takou

★N° 297. 6e année. 14 Juillet 1900. 15 centimes.

Le Rire

JOURNAL HUMORISTIQUE PARAISSANT LE SAMEDI

Un an : Paris, 8 fr. Départements, 9 fr. Étranger, 11 fr.
Six mois : France, 5 fr. Étranger, 6 fr.

M. Félix JUVEN, Directeur. — Partie artistique : M. Arsène ALEXANDRE

La reproduction des dessins du RIRE est absolument interdite aux publications, françaises ou étrangères, sans autorisation

122, rue Réaumur, 122
PARIS
Les manuscrits et dessins non insérés ne sont pas rendus.

1900 年 7 月 14 日
第 297 期 发行第 6 年

《笑报》（每周六发行的幽默报刊）
LE RIRE(JOURNAL HUMORISTIQUE PARAISSANT LE SAMEDI)

No 297,
6e année. 14 Juillet 1900.

慈禧太后

慈禧（1835—1908），又名叶赫那拉氏，咸丰皇帝的嫔妃，因成为同治帝的生母而被封号孝钦显皇后。咸丰皇帝于 1861 年驾崩之后，慈禧太后通过垂帘听政而获得了清廷幕后的权力，成为了清朝晚期的实际统治者。

1852 年，慈禧被选为宫女，号兰贵人，次年晋封懿嫔；1856 年因生同治帝而晋封懿贵妃。1861 年咸丰死后，她与孝贞显皇后（即慈安）两宫并尊，后又联合恭亲王奕䜣发动辛酉政变，诛顾命八大臣，夺取政权，形成“二宫垂帘，亲王议政”的格局，史称同治中兴。1873 年两宫太后卷帘归政。但 1875 年同治帝崩逝，她又择其侄子载湉继位，年号光绪，两宫再度垂帘听政。1881 年慈安太后去世，又因 1884 年“甲申易枢”罢免恭亲王，慈禧从此之后便开始独掌大权。1889 年归政于光绪，退隐颐和园；1898 年，戊戌变法中帝党密谋围园杀后，慈禧发动戊戌政变，囚光绪帝，斩戊戌六君子，再度训政。1900 年庚子国变后，慈禧痛定思痛，实行清末新政改革。1908 年 11 月 14 日，光绪帝驾崩，慈禧选择三岁的溥仪作为新帝，即日尊为太皇太后，次日 17 点在仪鸾殿去世，葬于清东陵。

慈禧太后在清末的掌权时期与英国维多利亚女王（1819—1901）的在位期间多有重合之处，所以西方人在评论慈禧太后在晚清这段历史中所起的作用时经常把她们两人相提并论。然而清末又是中国丧权辱国、灾难最为深重的一段时期，所以也有许多后人将慈禧太后视为使中国人沦为“东亚病夫”的罪魁祸首。

中国的慈禧太后

S. M. L'IMPÉRATRICE DOUAIRIERE DE CHINE

TOUS LES JOURS
Le Petit Parisien
5 CENTIMES.

SUPPLÉMENT LITTÉRAIRE ILLUSTRÉ
DIRECTION: 18, rue d'Enghien, PARIS

TOUS LES JEUDIS
SUPPLÉMENT LITTÉRAIRE
5 CENTIMES.

1900 年 7 月 15 日 星期日
第 597 期

《小巴黎人报》（插图文学附加版）

LE PETIT PARISIEN (SUPPLÉMENT LITTÉRAIRE ILLUSTRÉ)

N°597,
DIMANCHE 15 JUILLET 1900

中国事件
杀死洋人！

LES ÉVÉNEMENTS DE CHINE
Mort aux étrangers !

第504期　　　　　　　　　LE PETIT JOURNAL（SUPPLÉMENT ILLUSTRÉ）　　DIMANCHE15 JUILLET 1900

受清军兵勇保护的外国人

外国人在清代的中国旅行是一件非常困难的事情，这是由很多因素所造成的。首先是清朝的路况很差。当时大部分的货运和客运都是走水路的，这是因为国内的大路很少，即使有的话，也往往是年久失修，高低不平，车辆很难在那些路上运行。其次是因为在路上很不安全，如果地处偏僻，或要翻山越岭，则往往土匪和强盗出没；如果只是在平原的乡村和城市间旅行，也难免会碰上仇外反洋的人群，会酿成悲剧性的结果。另外，中国人的客栈往往比较拥挤，晚上很多人挤在一条炕上，卫生条件较差，食物也不对口，外国人很难适应。所以当时外国人若要外出旅行的话，在多数情况下必须事先联系当地的传教士，届时就住在那些西方传教士的家里。

1870年，天津发生了一场震惊中外的教案：当地民众为了反对法国天主教传教士在外国势力庇护下的传教活动，奋起攻击天主教会的机构和传教使团驻地，结果造成了数十人被谋杀的惨剧。教案发生之后，法、英、美、俄、普、比、西等西方列强联衔向清政府提出强烈抗议，并且将军舰开到大沽口来进行示威。直隶总督曾国藩事后对教案的处理也引起了很大的争议。清政府对外妥协，对内镇压，为了息事宁人，判处16人死刑、4人缓刑、25人流放，同时将天津知府张光藻、知县刘杰革职充军，并派崇厚去法国谢罪，向各国赔款50余万两白银。

从那以后，为了避免再发生此类惨案，便形成了一个惯例，即外国人在中国旅行，必须有清军兵勇随行，以进行保护。一般程序是出发前要报备北京的总理衙门，由该衙门发给旅行者一张"护照"，说明该名外国人在中国旅行已经得到清政府的批准，各地方政府要为这名外国人的旅行提供便利和保护。外国旅行者每到一个地方，都得首先去拜访地方官员，由后者派出一队兵勇，以保证这位外国旅行者在该地的人身安全。

下面这张画的名称是"在清朝八旗兵保护下的外国人"。这说明此地很可能是在京师，或其他的大城市。而这些外国人多半是在前往政府衙门或王府的路上。

中国事件
在清朝八旗兵保护下的外国人

LES ÉVÉNEMENTS DE CHINE
Les étrangers sous la garde des réguliers Chinois

ABONNEMENT

	SIX MOIS	UN AN
France, Algérie, Tunisie. .	2 fr. »	3 fr. 50
Étranger (Union postale). .	2 fr. 50	5 fr. »

SUPPLÉMENT ILLUSTRÉ DU DIMANCHE

ADMINISTRATION : rue Barbançon — CLERMONT-FERRAND

ANNONCES

POUR LA PUBLICITÉ, S'ADRESSER
à PARIS, 8, place de la Bourse
A L'AGENCE HAVAS

Imprimerie Mont-Louis. — Clermont-Ferrand

1900 年 7 月 22 日 星期日
第 29 期　发行第 3 年

《多姆山导报》（周日插图附加版）
LE MONITEUR DU PUY-DE-DOME (SUPPLÉMENT ILLUSTRÉ DU DIMANCE)

Nº 29,
Troisième Année, Dimanche 22 Juillet 1900.

克林德，1853 年出生于德国波茨坦，早年接受军事教育，1881 年辞去军职进入外交部门，并被派往中国。来华后曾任德国驻广州和天津等地领事。1899 年 4 月，升任德国驻华公使。1900 年 6 月 19 日，总理衙门照会各国公使“限二十四点钟内各国一切人等均需离京”。当晚，各国公使联名致函总理衙门，要求延缓离京日期，以保障各国人员安全，并要求次日上午 9 时前给出回复。

6 月 20 日上午 8 时，各国未达成一致，克林德便独自带着翻译柯达士乘轿从东交民巷使馆前往位于东单牌楼北大街东堂子胡同的总理衙门交涉。走到东单牌楼北大街西总布胡同西口时，被巡逻的神机营霆字队枪八队章京恩海打死，柯达士受伤。

克林德被杀事件发生后，德国皇帝威廉二世决意派遣 2 万多人的对华远征军。不过这支部队还未抵达中国，战争就已结束。

8 月，神机营章京恩海自首，后被德国判处死刑，于东单克林德身亡之地处斩。

1901 年，《辛丑条约》第一款就是：清廷派醇亲王载沣赴德国就克林德公使被杀一事向德皇道歉，并在克林德被杀地点修建一座品级相当的石牌坊（赛金花建议）。

“克林德碑”牌坊横跨在繁华的东单北大街上，于 1901 年 6 月 25 日动工，1903 年 1 月 8 日完工，碑文用拉丁语、德语、汉语三种文字，表达清帝对克林德被杀的惋惜。1918 年 11 月 13 日，民国政府将牌坊迁往中央公园（今中山公园），并将坊额改为“公理战胜”。1953 年 10 月，改名为保卫和平坊。

北京使馆区遇袭　　ATTAQUE D'UNE LEGATION À PÈKIN

第505期　　　　　LE PETIT JOURNAL (SUPPLÉMENT ILLUSTRÉ)　DIMANCHE 22 JUILLET 1900

恩海被抓过程

德国驻华公使克林德被杀之后，八国联军最初怎么也查不出凶手是谁。因为在案发现场只有两个外国人，而克林德本人已被杀，陪同他前往总理衙门的德国公使馆翻译学生柯达士虽然侥幸活了下来，但也已身受重伤，且他逃命在先，克林德被杀在后，凶手是谁他也没有看见。可是这个案件的调查后来却因为一个偶然的发现而峰回路转，柳暗花明。

话说日军在调查此案的过程中秘密雇用了一位北京当地的侦探，此人名叫得洛，是本旗营定宇第八队书记。一天，当得洛经过日占区一家当铺时，被映入眼帘的一缕耀眼的反光所吸引。进入当铺之后，他看见墙上挂着一块漂亮的西洋挂表，便让当铺老板取下来看。打开表壳之后，他发现表壳的里面刻有一行西文，仔细一看，竟是克林德的名字。他按捺住心中的狂喜，装作漫不经心地向老板打听，是谁想要变卖这块怀表。当铺老板也如实告诉他，想要当掉这块怀表的人是住在内城车店的满人恩海。

得到这一确切的消息之后，得洛马上将其报告给了日本人，后者秘密派出一支便衣队前去实施抓捕。他们来到车店后，先派了几名装扮成汉人的便衣进入院子，大声问道："请问恩海在这儿住吗？"这时院子里有人回答："我就是恩海，你们找我何事？"话音未落，在院外埋伏的日本便衣一拥而入，当场将他扑倒在地。

在其后的审讯过程中，恩海对枪杀克林德一事供认不讳，但他强调自己只是执行上司的命令而已，因为军人以执行命令为天职。但是当日本人追问究竟是谁向他下了开枪命令时，他却因此陷入了沉默。据说只是到了即将被砍头之际，他才承认下令开枪的是庆亲王奕劻。

克林德的尸体最终被运回德国下葬。恩海的人头也同船运到了德国。

中国事件
德国公使克林德男爵被杀

LES ÉVÉNEMENTS DE CHINE
Assassinat du baron de Ketteler, ministre d'Allemagne

《小巴黎人报》（插图文学附加版）
LE PETIT PARISIEN(SUPPLÉMENT LITTÉRAIRE ILLUSTRÉ)

1900年7月22日 星期日
第598期

Nº 598,
DIMANCHE 22 JUILLET
1900

北京
被义和团所包围的欧洲公使馆

PÉKIN
Les légations Européennes assiégées par les rebelles Chinois

| 第 507 期 | LE PETIT JOURNAL (SUPPLÉMENT ILLUSTRÉ) | DIMANCHE 5 AOÛT 1900 |

　　1900年7月，八国联军开始侵略中国天津和北京，趁此时机，沙俄看到这是侵略中国东北的最好时机，于是出兵五路进犯东北三省。之后的多场战役中，瑷珲之战是中国军民打得最顽强，也最值得人们记住的战斗。

　　1900年7月15日，俄军企图偷渡黑龙江，被瑷珲守军打回。接着俄军接连制造了骇人听闻的海兰泡惨案和江东六十四屯惨案。随后8月4日，俄军出动万余人，从三个方面进攻瑷珲城。城内守军虽仅3000余人却抱定了与瑷珲城共存亡的决心，城破后仍坚持巷战。除守将凤翔带领部分人员撤退到瑷珲城西南的北二龙和额雨尔山口阻击俄军外，城内1500余名守军全部战死，无一投降。此战俄军死亡千余人。

中国事件
清军侵袭俄国边境

LES ÉVÉNEMENTS DE CHINE
Envahissement de la Frontière Russe par les Chinois

| 第 507 期　　　　　　　LE PETIT JOURNAL (SUPPLÉMENT ILLUSTRÉ)　　DIMANCHE 5 AOÛT 1900

奉天教堂惨案即"朱家河惨案"，是义和团运动中发生的最大的一场惨案。1900年7月，在接连发生一系列屠杀教民案件后，景州周围七八个县的教民便逃到朱家河教堂避难，一时间朱家河村涌入了三千多人。

7月17日，英勇的两千多团民和被骗来的两千多清军包围了朱家河村。两千多义和团和两千多清军士兵包围了朱家河村。清军是听了景州城里的蔡氏兄弟的说辞，两位兄弟一个是举人，一个是秀才。所以他们称朱家河聚集了很多汉奸，骗来了过路的清军将领陈泽霖。

一场毫无悬念的"战斗"于7月20日结束，一共2500多人遇难，仅500人逃脱。

清军将领陈泽霖发现杀死的大都是妇幼老弱，根本没有什么汉奸，连外国人也只有2个，异常气愤，断然拒绝了义和团请他帮助攻打下一个教堂的要求。

中国事件
满洲奉天教堂惨案

LES ÉVÉNEMENTS DE CHINE
Massacre dans l 'église de Moukden en Mandhourie

1900年8月5日星期日　《小巴黎人报》（插图文学附加版）　N° 600,
第 600 期　LE PETIT PARISIEN(SUPPLÉMENT LITTÉRAIRE　DIMANCHE 5 AOÛT 1900
　　　　　　　　　ILLUSTRÉ)

在满洲
俄军占领清军的一个炮兵阵地

EN MANDCHOURIE
Capture d'une batterie Chinois par les Russes

《小巴黎人报》（插图文学附加版）

LE PETIT PARISIEN(SUPPLÉMENT LITTÉRAIRE ILLUSTRÉ)

义和团在奉天屠杀中国基督徒

LES CHRÉSTIENS CHINOIS MASSACRÉS
A MOUKDEN PAR LES BOXEURS

《小巴黎人报》（插图文学附加版）
LE PETIT PARISIEN(SUPPLÉMENT LITTÉRAIRE ILLUSTRÉ)

1900年8月12日 星期日
第 601 期

N°601,
DIMANCHE 12 AOÛT 1900.

告别波蒂埃海军上将，
法国在华海军总司令

LES ADIEUX DE L'AMIRAL POTTIER,
COMMANDANT EN CHEF DES FORCES
NAVALES EN CHINE

Un an : Paris, 8 fr.
Départements, 9 fr. Étranger, 11 fr.
Six mois : France, 5 fr. Étranger, 6 fr.

JOURNAL HUMORISTIQUE PARAISSANT LE SAMEDI

M. Félix JUVEN, Directeur. — Partie artistique : M. Arsène ALEXANDRE

La reproduction des dessins du RIRE est absolument interdite aux publications, françaises ou étrangères, sans autorisation

122, rue Réaumur, 122
PARIS
Les manuscrits et dessins non insérés ne sont pas rendus.

1900年8月18日
第302期 发行第6年

《笑报》（每周六发行的幽默报刊）
LE RIRE(JOURNAL HUMORISTIQUE PARAISSANT LE SAMEDI)

No 302,
6e année. 18 Août 1900.

北直隶总督李鸿章　　LI-HUNG-CHANG, VICE-ROI DU PETCHILI

第 602 期　　　　　LE PETIT PARISIEN(SUPPLÉMENT LITTÉRAIRE　DIMANCHE 19 AOÛT 1900
　　　　　　　　　　　　　　　ILLUSTRÉ)

清末的征兵制度

　　如前所述，清军主要分为八旗兵和绿营兵。这两类兵的组织形式不同，其征兵方法自然也有所不同。

　　八旗的兵役制度从皇太极时代起就已形成一定的制度。满洲和蒙古八旗都是每三丁抽一人当兵，汉军八旗的征召比例不太规则，总的来说要比满蒙八旗人少得多。清兵刚入关时，由于旗人兵源供不应求，一般15—60岁之间的旗人壮丁，只要身高在1.65米以上，都可能被征召为兵。按常例，八旗每三年要对适龄壮丁进行详细登记。这些登记在册的壮丁，都有当兵的义务，而具体是否服役则看兵额的多少和战争的需要。

　　绿营兵最初出自招募，来源为本地人，后来由于绿营的兵源多来自绿营兵子弟，因此也逐渐形成世兵制。凡父兄在营的绿营兵子弟，可以挑补为"余丁"，即守兵。按清制，骑兵选拔于步战兵，步战兵选拔于守兵，守兵选拔于余丁。因此，本地人16岁即到了可以服役的年龄。兵丁年龄到了50岁以上，如不能承担差役和参加训练，就会被解退。如曾出征效力的，可以给予一定月粮。如系出征受伤患病致残的，即使不到50岁，也给予一定月粮。兵丁阵亡的，发给家属抚恤费银50—70两；余丁阵亡的，发给家属银25两。阵亡者的子弟如条件合格，可替补为兵，若年龄太小，也可享受守兵的一半饷银。

　　从下面这张图来看，应该是在招募绿营兵。这些前来应招的年轻人大都是本地的贫民或农民，他们几乎都赤脚，连鞋都穿不起。当兵可以至少使他们解决吃饭和穿衣的问题。招募新兵的军官身旁有两名兵勇作为助手。其中一名正在数铜钱给一位刚报名加入的新兵。

中国事件
征兵入伍

LES ÉVÉNEMENTS DE CHINE
L'Enrôlement voluntaires en Chine

《小日报》（插图附加版）

LE PETIT JOURNAL（SUPPLÉMENT ILLUSTRÉ）

军队万岁！！！
法国军队从马赛启程，赶赴中国

VIVE L'ARMÉE !!!
Départ des troupes de Marseille pour la Chine

1900年9月2日 星期日　　《小巴黎人报》（插图文学附加版）　　Nº 604,
第 604 期　　　　LE PETIT PARISIEN(SUPPLÉMENT LITTÉRAIRE ILLUSTRÉ)　　DIMANCHE 2 SEPTEMBRE
　　　　　　　　　　　　　　　　　　　　　　　　　　　　　　　　　　　　1900

八国联军向北京进发　　MARCHE DES ALLIÉS SUR PÉKIN

1900 年 9 月 2 日 星期日
第 604 期

《小巴黎人报》（插图文学附加版）
LE PETIT PARISIEN(SUPPLÉMENT LITTÉRAIRE ILLUSTRÉ)

N° 604,
DIMANCHE 2 SEPTEMBRE
1900

在大沽口
联军舰队被冰雪封住

À TAKOU
Les navires des Alliés pris dans les glaces

《多姆山导报》（周日插图附加版）
MONITEUR DU PUY-DE-DOME(SUPPLÉMENT ILLUSTRÉ DU DIMANCE)

1900年9月9日 星期日
第36期 发行第3年

Nº 36,
Troisième Année, Dimanche 9 Septembre 1900.

英国公使馆的受围攻和被解救

1900年，中国的命运处于一个重大危急关头。西方列强在中国的势力越来越强，中国民众的反洋心理也如一座蓄势待发的活火山，随时有可能爆发。义和团运动就像燎原的野火，从山东逐渐蔓延到了天津和北京。

慈禧太后对义和团运动怀有一种矛盾的心理：一方面，她觉得民心可用，民心可恃，义和团运动可以帮助清廷来抵御西方势力；但另一方面，她又担心义和团的狂热行动会使局面失控，给清廷带来祸害。以端郡王载漪和庄亲王载勋为首的主战派在这方面发挥了恶劣的影响。他们竭力煽动慈禧太后招安号称具有神功、能刀枪不入的义和团，同时又伪造了西方所谓想要慈禧太后归政，让光绪皇帝重新掌权的照会，逼迫慈禧太后向西方列强宣战。

6月19日，清廷下达了对西方11国的宣战书，以及勒令所有在京外国人在24小时之内离开北京的最后通牒。西方驻京各使团得知消息，如雷轰顶，连夜召开紧急会议，商讨对策，但众说纷纭，没有形成任何共识，只是写信请求暂缓离京赴津。第二天一早，德国公使克林德便带着一名翻译前往总理衙门，准备当面跟大臣们交涉此事，但在途中被巡逻的清军射杀。在京的数百名外国人闻讯之后大部分都躲入了面积较大、围墙坚固、防御能力较强的英国公使馆。当天傍晚，在英国公使馆对面的肃王府安置中国基督徒难民的英国浸礼会传教士秀耀春在回到英国公使馆的途中遭遇不测，他的首级被割下之后挂于某一个路口。

从那以后，英国公使馆便被荣禄、董福祥手下的军队，以及义和团拳民等团团围住。清军和义和团几乎每天都对英国公使馆内发射炮弹和子弹，并且伺机发动了一次又一次的进攻，但是每次都遭遇到了顽强的抵抗，使得整个攻势并未奏效。

与此同时，驻守在天津的外国军队也开展了两轮解救行动。由英国海军在华分舰队司令西摩尔海军上将率领的第一支救援队在途中受到了重重阻击，好不容易到达了北京的廊坊地区，又因为清军扒掉了铁轨，并使下了列车的救援队陷入了重围而不得已被迫返津。第二支救援队兵力更加雄厚，共达两万人左右；并且为了避免重蹈覆辙，他们放弃了铁路运输，而采用步步为营的策略，冒着夏日的骄阳徒步向北京进发。一路上，八国联军的救援队也经历了大大小小的无数次战斗，光是因顶着骄阳，急行军中暑而死的士兵就不在少数。

8月13日，八国联军的队伍在北京的东门外集结扎营，并且连夜开会，进行第二天的攻城部署。但是俄军因攻城心切，并未严格按照会上所规定的部署。天还没亮，俄军就对北京内城东南角的东便门发起了猛攻。美军在第二天早上发现在东便门以南的一段城墙破损的比较厉害，于是他们便充分发挥了攀岩的技术，直接攀到了城墙的顶上。英军直到中午才对广渠门发起了攻击，可是他们却后来居上，最早到达英国公使馆。他们先是用两门野战炮直接轰击城门，然后派人攀上城楼，从里面打开了城门。正当他们沿着街道向距离使馆区最近的哈达门推进时，城墙上出现了一名美军的旗语兵，用信号旗向英军打出旗语："从水门进来。"于是英国皇家工兵的斯科特少校便带头进入了位于使馆区的那个水门，印度士兵们蹚着齐腰的泥水紧随其后。颇有进取心的工兵军官索迪上尉赤脚爬上了城墙，解开了他九码长的头巾，把它当作一面旗帜，指引其他人从此处的水门进入内城。

在英国公使馆内死守的西方人本来已经几乎陷入了弹尽粮绝的境地。在经受了几乎两个月的围攻之后，在英国公使馆避难的外国人已经经受了重大伤亡，而且由于对面的肃王府已经被炮火轰炸成为了一片废墟，原本在那儿避难的两千多名中国基督徒也转入了英国公使馆。这就大大增加了馆内本来就难以承受的压力，别说储备的粮食已经快要吃完，就连原来馆内饲养的大量马匹也都快被杀完了。就在这山穷水尽疑无路之际，突然柳暗花明又一村。所以当英国官兵突然现身时，在英国公使馆内避难的西方人和中国基督徒们全都欢欣鼓舞，纷纷跟那些救兵们握手和拥抱。

攻克北京

联军的旗帜飘扬在紫禁城大门的上方

A PRIS DE PÉKIN

Les drapeux de puissances Alliées florrant sur la porte du Palais Impérial

1900年9月9日星期日　　　　《小日报》（插图附加版）　　　　Nº 512,
第 512 期　　　　LE PETIT JOURNAL (SUPPLÉMENT ILLUSTRÉ)　　　　DIMANCHE 9 SEPTEMBRE
　　　　　　　　　　　　　　　　　　　　　　　　　　　　　　　　　　1900

中国事件
被解救的各国使团

LES ÉVÉNEMENTS DE CHINE
Les légations délivrées

东交民巷

东交民巷西起天安门广场东路，东至崇文门内大街，全长为1552米；连同与之对称的西交民巷，这个胡同共长约三公里，是北京城里最长的一个胡同。这儿从元代起，便是卖糯米的一个集市，因而得名江米巷。

明代时，因修建棋盘界而把江米巷截断为东江米巷和西江米巷。在东江米巷中设有礼部，以及鸿胪寺和会同馆，后者专门接待来自安南、蒙古、朝鲜和缅甸等四个藩属国的使节，所以又被称作四夷馆。

到了近代，这里曾是著名的使馆区，1860 年第二次鸦片战争后，先后有英国、法国、美国、俄国、日本、德国、比利时等国在东交民巷设立使馆，并将东交民巷更名为使馆街。例如 1861 年 3 月，英国公使卜鲁斯正式入住东江米巷的梁公府（系康熙皇帝第七子铁帽子醇王允佑的府邸）；法国公使布尔布隆正式入住纯公府（系努尔哈赤之孙安郡王岳乐的府邸）；美国公使蒲安臣进驻美国公民卫三畏博士位于东江米巷的私宅；而俄国公使把留捷克则入住了清初在这里修建的东正教教堂俄罗斯馆。

1949 年以后东交民巷仍被作为使馆区，直到 1959 年所有的使馆都迁往朝阳门外三里屯一带的馆区。然而东交民巷道路两旁的西洋建筑迄今仍在向过往的行人诉说着往昔的历史。

联军进入北京之后的东交民巷

LA RUE DES LÉGATIONS, À PÉKIN, APRES
L'ENTREE DES TROUPES ALLIÉES

1900年10月7日 星期日　　《小日报》（插图附加版）　　N° 516,
第 516 期　　LE PETIT JOURNAL (SUPPLÉMENT ILLUSTRÉ)　　DIMANCHE 7 OCTOBRE 1900

在上海
华伦将军检阅法国军队

À SHANGHAÏ
Le Général Voyron passant en revue le detachment français

第 609 期　　　　　　LE PETIT PARISIEN（SUPPLÉMENT ILLUSTRÉ）　　DIMANCHE 7 OCTOBRE 1900

八国联军在北京举行首脑联席会议

八国联军攻占北京之后，便在北京举行了联军首脑会议，对于各国军队在北京的占领区进行了划分，并且商议了如何进一步讨伐义和团在各地残部的问题。在此图中的八国联军将领们分别是：查飞将军（General Adna Chaffee, 美国）、福里将军（General H. N. Frey, 法国）、萨姆布奇将军（General Sambuchi, 奥匈帝国）、裴德曼海军大校（F. Bendemann, 德国）、盖斯利将军（General Alfred Gaselee, 英国），以及李尼维去将军（General H. Lineivitch, 俄国）。八国联军的总司令瓦德西元帅（Field-Marshall von Waldersee, 德国）是迟至1900年10月17日才抵达北京的，所以他并没有出席这次八国联军首脑会议。

在北京
联军首脑会议

À PÉKIN
Un conseil des chefs Alliés

| 1900年10月14日星期日
第517期 | 《小日报》（插图附加版）
LE PETIT JOURNAL (SUPPLÉMENT ILLUSTRÉ) | N° 517,
DIMANCHE 14 OCTOBRE
1900 |

8月15日清晨6点，慈禧携带光绪等人西逃，全国陷入无主状态。地方势力代表李鸿章、张之洞、刘坤一等人积极联络东南各省督抚，同外国驻上海领事订立《东南互保章程》九条。规定上海租界由各国共同"保护"，长江及苏杭内地治安秩序由各省督抚负责，形成了所谓的"东南联保"。各地督抚都联系不到中央，误以为慈禧、光绪已死，于是决定共同推举李鸿章出任中国"总统"以主持大局。外有列强支持，内有封疆大吏拥护，李鸿章当时也觉得可行。唐德刚《袁氏当国》有记载："八国联军时帝后两宫西狩，消息杳然，东南无主之时，当地督抚便曾有意自组美国式的共和政府，选李鸿章为总统，李亦有意担任，后因两宫又在西安出现乃作罢。"

中国事件
李鸿章在俄国和日本军队的护送下出行

LES ÉVÉNEMENTS DE CHINE
Li-Hung-Chang escorté par les troupes Russes et Japonaises

第 41 期　发行第 3 年　　MONITEUR DU PUY-DE-DOME(SUPPLÉMENT　Troisième Année, Dimanche 14
　　　　　　　　　　　　ILLUSTRÉ DU DIMANCE)　　　　　　　　Octobre 1900.

  1月24日，慈禧立端王载漪的儿子溥儁为大阿哥，作为光绪的接班人选。可以说这完全是因为孩子的母亲——端王的福晋。她是西太后亲弟弟桂祥的女儿，西太后的内侄女。端王跟众多纨绔子弟一样，喜爱广泛，谭鑫培和孙菊仙便是家中常客，泥人张也被请到府上教他捏泥人。端王还喜欢武术，家里养了很多武林高手教自己武术。

  就是这样一个艺术坯子，父以子贵，在庚子年干出一件件影响历史的大事。利用义和团灭洋，是他力主的。进攻使馆，也是他的主意，而且由他亲自主持。就是在八国联军快要攻进北京的时候，端王爷竟然矫诏调来新建陆军的重炮，想要轰平使馆。

  自然八国联军的处罚名单上少不了这爷俩，1902年父子两人被流放新疆。1917年，借张勋复辟之机，载漪重获自由，直至1922年去世。

端亲王的肖像画　　PORTRAIT DU PRINCE TUAN

| 1900年10月28日星期日　第612期 | 《小巴黎人报》（插图文学附加版）
LE PETIT PARISIEN(SUPPLÉMENT LITTÉRAIRE ILLUSTRÉ) | N° 612,
DIMANCHE 28 OCTOBRE 1900 |

廷雍，正红旗人，官至直隶总督，以支持义和团嫌疑被八国联军杀于保定，是八国联军所杀级别最高的中国官员。6月在清廷明确表示支持义和团后，对义和团持扶持态度的廷雍调任直隶布政使。一时间直隶省的很多教堂被毁，传教士被杀，保定尤为严重。包括北关教堂的美北长老会传教士，南关教堂的毕得经牧师等美国公理会传教士，以及在保定的英国内地会传教士及其子女被杀共23人，同时中国教徒也有一百多人被害。屠杀在6月30日和7月1日（农历六月四、五日）两天进行，地点在保定南城外凤凰台。为了不使基督徒和传教士逃脱，廷雍下令紧闭城门，并派兵把守。

因此，八国联军攻进保定后，第一件事就是立即把沈家本（保定知府）、廷雍（直隶布政使，一度护理直隶总督）、奎恒（城守尉）、王占魁（统带营官）拘留。很快又将廷雍三人处决。沈家本则被一直软禁长达四个月，《和议大纲》告成才被释放。

进军保定府

EN ROUTE VERS PAO-TING-FOU

1900 年 11 月 4 日 星期日
第 520 期

《小日报》（插图附加版）
LE PETIT JOURNAL（SUPPLÉMENT ILLUSTRÉ）

Nº 520,
DIMANCHE 4 NOVEMBRE 1900

中国事件
挂在旧州城墙上的十四颗拳民头颅

LES ÉVÉNEMENTS DE CHINE
Quatorze tetes de boxers aux murs de Tchio-Tchao

八国联军远征保定府

直隶省是义和团运动全面爆发之地，而在直隶省境内，除了天津之外，保定府就是义和团运动闹得最厉害的地方。前面已经提到，在保定府共有 23 名西方传教士及其子女被杀，以及一百多名中国基督徒被害。除此之外，还有不少外国人和中国基督徒受到关押。所以，当八国联军攻克北京和剿灭北京周边地区的义和团和清军残部以后，马上就把远征保定府一事摆上了议事日程。

八国联军的保定府远征军由德国、法国、英国和意大利这四个国家的军队组成，其总指挥是英军司令盖斯利将军。从 1900 年 10 月 12 日，远征军的先头部队从北京出发，到 11 月上旬，远征军陆续返回北京城，这场战役共持续了一个月左右的时间。

由于这支远征军声势浩大，装备精良，而且因为八国联军刚攻克北京不久，士气也非常高昂；而相比之下，保定府的地方官员和守军则完全丧失了斗志，放弃了任何抵抗的准备。从老照片中我们可以看到，就在 10 月 16 日那一天，刚刚升任护理直隶总督的廷雍或保定知府沈家本率领文武官员和乡绅代表专程到保定北关冯庄的千佛庵去迎候八国联军远征军的到来。

远征军进入保定府之后，首先解救了作为人质被关押的外国人和中国基督徒，并对参与了迫害外国传教士和中国基督徒的义和团成员进行残酷的报复和镇压。一时间尸横遍野，一串串的头颅被挂在了城墙之上。对那些曾经迎接他们到来的官员，他们也没有放过。当地官衔最高的四位官员遭到逮捕，其中护理直隶总督廷雍、城守尉奎恒和统带营官王占奎在经过审讯之后被斩首，保定知府沈家本则在关押了四个多月之后才被释放。

远征军占领保定府期间，将该城划分成法国控制区、德国控制区、意大利控制区和英国控制区这四个部分。总指挥盖斯利将军将其司令部放在了直隶总督府里，法国将军作为次一级军官在知府衙门里扎了营，意大利和德国指挥官们也分别在其他重要建筑物里安营扎寨，澳大利亚军队是属于英国殖民地军队的一部分，他们驻扎在保定府的北门外，距离英军司令部不远。

中国事件
被法军从保定府解救出来的欧洲人

LES ÉVÉNEMENTS DE CHINE
Européens délivrés par le detachment francais à Pao-Ting-Fou

LE PETIT PROVENÇAL

ABONNEMENTS

	SIX MOIS	UN AN
France, Algérie, Tunisie	2 f. »	3 f.50
Étranger (Union postale)	2 f.50	5 f

Supplément illustré paraissant le Samedi

HUIT Pages : CINQ centimes

ANNONCES

Pour la publicité s'adresser
A Marseille, 75, Rue de la Darse
A Paris, 8, place de la Bourse,
à l'Agence Havas

1900 年 11 月 18 日 星期日
第 46 期

《小普罗旺斯人》(周六发行插图附加版)
LE PETIT PROVENÇAL(SUPPLÉMENT ILLUSTRÉ PARAISSANT LE SAMEDI)

Nº 46,
DIMANCHE 18 NOVEMBRE 1900

远征保定府
法军先遣队在一个村庄里升起旗帜

L'EXPÉDITION DE PAO-TING-FOU
La colonne française d'avant guarde hissant drapeau dans un village chinois

1900 年 11 月 25 日 星期日
第 523 期

《小日报》（插图附加版）
LE PETIT JOURNAL（SUPPLÉMENT ILLUSTRÉ）

Nº 523,
DIMANCHE 25 NOVEMBRE 1900

1900 年 4 月 14 日至 11 月 12 日，第 11 届世界博览会在巴黎举办。共有 58 个国家参展这个主题为“新世纪发展”的世博会。会议重点展示了西方社会 19 世纪的技术成就，还有移动人行道和地道，但来自英法殖民地的带有异域风情的小玩意显然更受欢迎。以往历届博览会均有中国馆展示，但是中国人第一次自己派人员参加的世界博览会为 1876 年费城世博会。而驻英国公使郭嵩焘由于率员参加了 1878 年巴黎世博会开幕式，成为清代中国参加世博会的第一位高官。

1900 年世博会
中国楼阁

EXPOSITION 1900
Pavillon de la Chine

1900 年 12 月 23 日 星期日
第 620 期

《小巴黎人报》（插图文学附加版）
LE PETIT PARISIEN(SUPPLÉMENT LITTÉRAIRE ILLUSTRÉ)

N° 620,
DIMANCHE 23 DÉCEMBRE 1900

在中国
一个驻扎在皇陵附近的法军营地

EN CHINE
Un campement français près de Tombeaux des Empereurs

中国的战争
1900 年 7 月 14 日中国天津城陷落

LA GUERRE DE CHINE
Prise de la ville chinoise de tien-tsin, 14 julliet 1900

中国的战争
俄军士兵在天津火车站所表现的勇气

LA GUERRE DE CHINE
Vaillance des soldats russes à la Gare de tien-tsin

中国的战争
天津被解救和军火库被攻占

LA GUERRE DE CHINE
délivrance de tien-tsin et prise de l'arsenal

中国的战争
俄军在海青的胜利，1900 年 8 月 12 日

LA GUERRE DE CHINE
Victoire des Russes a Haï-Tching, 12 août 1900

中国的战争
清军前去占领北京城前的阵地

LA GUERRE DE CHINE
Troupes chinoises allant prendre position devant Pékin

中国的战争
清军侵犯俄国领土

LA GUERRE DE CHINE
Invasion du territoire russe par les Chinois

北直隶的殉道者
1900 年 8 月 13 日

Les Martyrs de Ouai (Petchili)
11 Août 1900

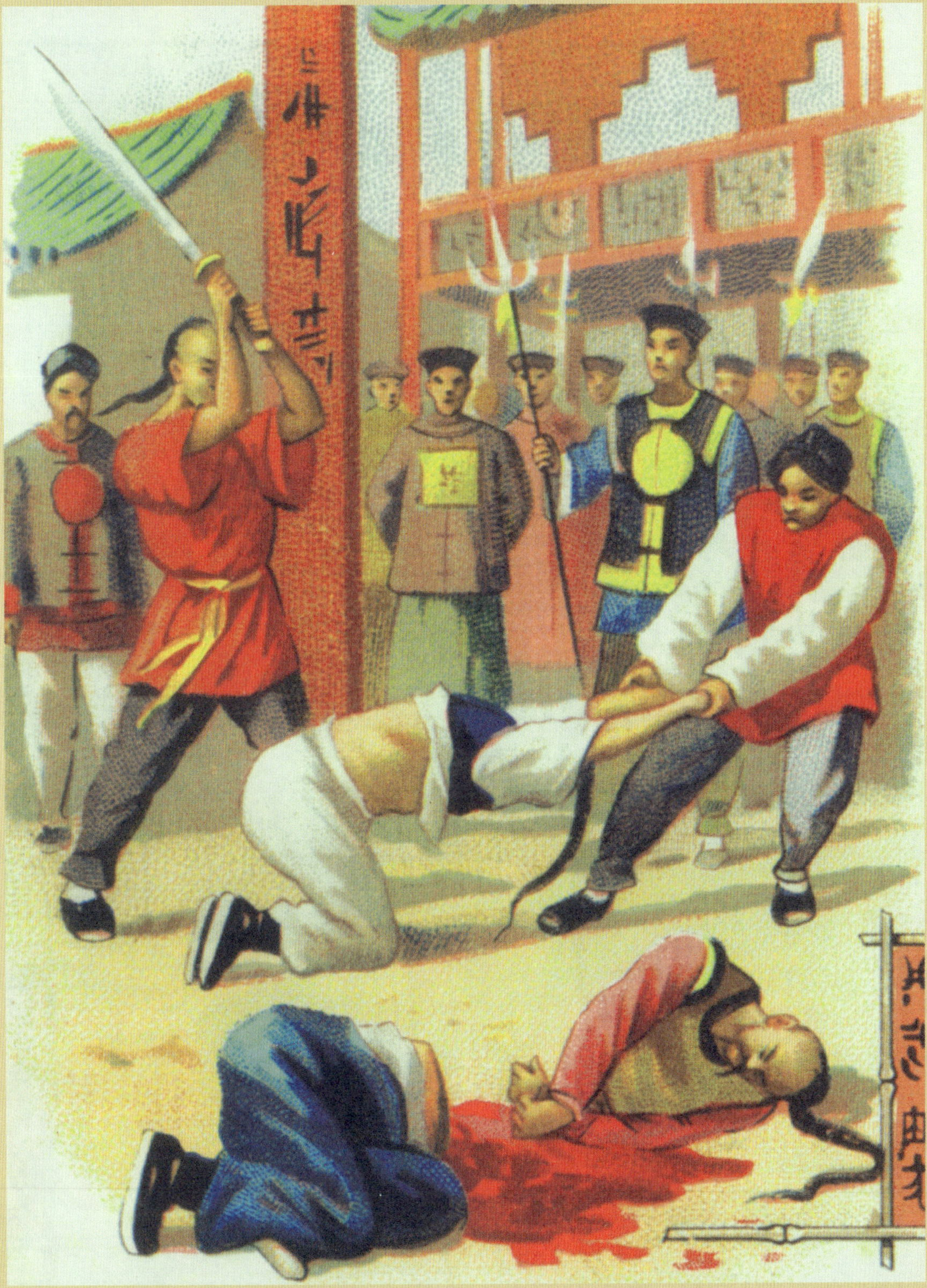

处决总理衙门的成员
1900 年 8 月 13 日

Exécution de membres du Tsong-Li-Yamen
13 Août 1900

张家湾战役
1900 年 8 月 12 日

Combat de Chang-Kia-Wan
12 Août 1900

达奇瑞战役
1900 年 8 月 9 日

Combat de Dachirai
9 Août 1900

一个名为义和团的反洋秘密社团已在中国形成。

1900年6月初，义和团在清政府的秘密支持和鼓励下，对北京-保定府铁路沿线由欧洲人管理的火车站发起了攻击。虽然西方列强的代表和前来增援的联军对据守白河河口的大沽口炮台发动了炮击和攻击（6月17日），但义和团的反洋攻击仍然在继续。

6月9日，由不同军舰上水兵们所组成，并由英国海军上将西摩尔指挥的一支2000人纵队从位于白河边大城市天津出发，前往北京去支持受到威胁的外国公使馆。然而当西摩尔指挥的这支军队刚刚离开天津之后，这座城市很快就被义和团和清军所占领。

6月17日，一支国际联军离开了大沽口炮台，以便重新夺回天津。面对在数量上十倍于他们的敌人，联军最初遇到了不少挫折，但是经过了一段时间的浴血战斗，他们越战越勇，终于夺回了天津城（6月24日）。与此同时，北京的欧洲驻华公使馆全都遭到了义和团和清军的攻击。尽管被围困在公使馆内的人们拼命抵抗，但仍摆脱不了被全歼的威胁。于是已经重新夺回天津的国际联军在与西摩尔纵队会合之后，再次向北京进发。

然而当这支国际联军离开天津之后不久，他们便被数量庞大的义和团拳民所包围。经过了为期15天的生死搏斗，在此过程中由"马洛尔号"军舰舰长指挥的一支法军表现得格外英勇，国际联军终于杀开了一条血路，此后他们带着210名伤员，重新回到了天津。

前往北京的行军要在泛滥的河流和被雨水浸泡的泥泞中穿行，一路上都有成群结队的中国人对联军的队伍发起攻击，这些对于这支人数不多的国际联军来说都显得十分艰苦。凭借全军官兵所爆发出来的惊人勇气，国际联军在8月14和15日的晚上强行攻进了中国的京师。8月16日，法军、俄军、英军、日军在法国将军福煦的指挥下，攻入了紫禁城。此时光绪皇帝和慈禧太后已经逃出了皇宫，外国公使馆也都随之得以解救。

八国联军攻克北京
1900 年 8 月 15 日

PRISE DE PÉKIN PAR LES ALLIÉS
15 Août 1900

在中国
俄军与英军发生冲突

EN CHINE
L'incident russo-anglais

中国的慈禧太后

斯蒂芬·里德根据一张中国画创作

THE DOWGWE EMPRESS OF CHINA

Painted by Stephen Reid after a Chinese drwing

Le Petit Journal
CHAQUE JOUR 5 CENTIMES
Le Supplément illustré
CHAQUE SEMAINE 5 CENTIMES

SUPPLÉMENT ILLUSTRÉ
Huit pages : CINQ centimes

ABONNEMENTS

	SIX MOIS	UN AN
SEINE ET SEINE-ET-OISE	2 fr.	3 fr. 50
DÉPARTEMENTS	2 fr.	4 fr.
ÉTRANGER	2 50	5 fr.

Douzième année — DIMANCHE 6 JANVIER 1901 — Numéro 529

1901 年 1 月 6 日 星期日
第 529 期

《小日报》（插图附加版）
LE PETIT JOURNAL（SUPPLÉMENT ILLUSTRÉ）

N° 529,
DIMANCHE 6 JANVIER
1901

年度事件

8 月 29 日，清政府下令废除武科科举考试

9 月 7 日，《辛丑条约》签订

9 月 24 日，清政府与日本签订《重庆日本租借协议书》

11 月 7 日，李鸿章逝世

樊国梁，庚子拳乱时期北京西什库教堂（北堂）主教，率领教徒多次击退义和团对西什库教堂的进攻，并向联军提供一批教士和教徒充当翻译。战后列出教会受损清单迫使清政府增加赔款白银一百五十万两。著有《燕京开教略》等书。

中国事件
北京教区主教樊国梁阁下

LES ÉVÉNEMENTS DE CHINE
Mgr. Favier, évêque de Pékin

1901 年 1 月 13 日 星期日
第 530 期

《小日报》（插图附加版）
LE PETIT JOURNAL（SUPPLÉMENT ILLUSTRÉ）

N° 530,
DIMANCHE 13 JANVIER
1901

中国事件
法国人的一次胜利

LES ÉVÉNEMENTS DE CHINE
Une victoire Française

1901 年 1 月 13 日 星期日
第 623 期

《小巴黎人报》（插图文学附加版）
LE PETIT PARISIEN(SUPPLÉMENT LITTÉRAIRE ILLUSTRÉ)

Nº623,
DIMANCHE 13 JANVIER 1901

在中国
孔塔尔中尉阵亡

EN CHINE
Mort du lieutenant Contal

1901年1月20日 星期日　《小日报》（插图附加版）　Nº 531,
第 531 期　LE PETIT JOURNAL (SUPPLÉMENT ILLUSTRÉ)　DIMANCHE 20 JANVIER 1901

中国事件
在保定府的处决

LES ÉVÉNEMENTS DE CHINE
Exécution à Pao-Ting-Fou

1901 年 1 月 20 日 星期日
第 624 期

《小巴黎人报》（插图文学附加版）

LE PETIT PARISIEN(SUPPLÉMENT LITTÉRAIRE ILLUSTRÉ)

Nº 624,
DIMANCHE 20 JANVIER 1901

作为《辛丑条约》附加条件之一的处决“拳祸”祸首

八国联军攻占北京之后，慈禧太后带着光绪皇帝和隆裕皇后匆匆逃离了京师，中国面临灭亡的威胁，其命运岌岌可危。为了挽救清朝灭亡的命运，慈禧太后特地派遣庆亲王奕劻和两广总督李鸿章作为钦差大臣，与八国联军开展和平条约的谈判。以瓦德西元帅为首的八国联军首脑们不仅提出了高得离谱的 4.5 亿两白银的战争赔款，而且附加了一大堆苛刻的附加条件，其中之一就是要惩办和处决造成“拳祸”的祸首。

为此，八国联军提出了一个多达 174 名大臣的祸首名单：位列这个名单之首的是端郡王载漪，射杀德国公使克林德的恩海就是来自他所统领的虎神营。他还是大阿哥溥儁的父亲，载漪最大的罪行就是伙同庄亲王载勋，吹嘘义和团刀枪不入的神功，并使慈禧太后相信依靠义和团就能够把洋人赶出中国。他还唯恐天下不乱，伪造外国照会，促使慈禧太后被逼向西方各国宣战。他试图通过这么做来废黜光绪皇帝，以此助自己的儿子上位。除了上面这两位皇亲国戚之外，名单上还有大学士徐桐和兵部尚书刚毅等清廷重臣，以及杀了大量西方传教士的陕西巡抚毓贤和率领甘军攻打北京使馆区的原甘肃提督和现武卫后军首领董福祥，等等。为了保住这些皇亲国戚和高官重臣的性命，清廷可谓是绞尽脑汁，费尽口舌。起初，慈禧太后想用将他们革职查办的方法来蒙混过关，但八国联军方面根本不信这一套。后来，张之洞、李鸿章和袁世凯等人竭力使西方人相信中国有根深蒂固的传统观念，不能对皇亲国戚惩戒过重，最后终于跟联军方面达成了妥协。庄亲王载勋、都察院左都御史英年、刑部尚书赵舒翘，均定为赐令自尽；山西巡抚毓贤、礼部尚书启秀、刑部左侍郎徐承煜，均定为即行正法；端郡王载漪改判全家流放新疆；董福祥被判解甲归田，软禁于家中，直至病死。一大帮较为下层的官员则在北京灯市口等闹市区被砍掉了脑袋。

除此之外，八国联军还开出了一个有 142 人的地方官员名单。所以还有很多人在京师之外的各个城市被刽子手砍头示众。

在中国的最新一轮处决

LES DERNIÉRES EXECUTIONS EN CHINE

第 546 期　　　　　　　LE PETIT JOURNAL (SUPPLÉMENT ILLUSTRÉ)　　DIMANCHE 5 MAI 1901

西苑（今中南海）仪銮殿，于光绪十四年——1888年竣工，慈禧常居住于此。1900年，八国联军入侵，仪銮殿成了联军司令瓦德西的住所。1901年仪銮殿起大火，成为一片废墟。慈禧从西安回京后，在仪銮殿旧址建成一座洋楼，名叫海晏堂，同时又在海晏堂的西北方修建一座新的仪銮殿，即后来的怀仁堂。民国后中南海成为总统府，海晏堂改名为居仁堂，成为袁世凯的办公场所。

中国事件
仪鸾殿失火，马尔尚上校指挥救援

LES ÉVÉNEMENTS DE CHINE
Incendie du palais de l'Impératrice—Le Colonel Marchand dirigeant les secours

第639期　　　　LE PETIT PARISIEN(SUPPLÉMENT LITTÉRAIRE ILLUSTRÉ)　　　　DIMANCHE 5 MAI 1901

冬宫仪鸾殿失火事件

众所周知，如今的故宫就是清朝的皇宫，即皇帝的居所和清廷的所在，俗称紫禁城。然而，这些金碧辉煌，雕梁画栋的宫殿并不适合于日常的生活起居。所以皇帝们从春季后期到秋季的一年大部分时间内实际上都是住在西北郊的圆明园，而慈禧太后则主要是住在颐和园。但是到了冬天，他们还是会回到城里的皇宫。但即使如此，他们也会尽可能地避开那些高大阴冷的宫殿大堂，而选择住在作为皇家园林的西苑，即北海、中海和南海这所谓的三海宫殿。因此西方人通常把圆明园和颐和园称作夏宫，而将紫禁城和三海宫殿称作冬宫。

慈禧太后在冬宫的居所是在中南海的仪鸾殿。1900年8月14日，八国联军攻入北京城，慈禧太后如坐针毡，仓促决定要出京逃难。第二天凌晨便带着光绪皇帝、隆裕皇后等人，出神武门，直奔西山居庸关，开始了所谓的"西巡狩猎"。而八国联军进入北京之后，便各显神通，各自寻找合适的地方作为自己的司令部。例如俄军立即占领了位于景山东面的京师大学堂校园，在那儿设立了自己的司令部。法军占据了景山的寿皇殿，把北京城中轴线上第二大的殿堂作为自己的司令部。而中南海的仪鸾殿则不幸沦为了德军的司令部和八国联军统帅瓦德西元帅的住所。

1901年4月17日晚上，德军因在仪鸾殿内生火做饭，不慎失火。一时间中南海的庭院内火苗乱窜，不一会儿，便将仪鸾殿这个慈禧太后的寝宫付之一炬，烧了个精光。瓦德西元帅侥幸跳窗逃出，保住了性命；然而德军的参谋长施华霍夫将军却没有那么幸运，在这场火灾中丧失了卿卿性命。4月20日，在中南海内为施华霍夫将军举行了隆重的葬礼，在京的全体外交使团、八国联军中的全体将军和卫戍部队指挥官都参加了这个吊唁仪式，并且跟随下葬队伍一直将施华霍夫将军的遗体送到了作为他临时下葬地的福庙。

在中国
冬宫仪鸾殿失火

EN CHINE
Incendie du Palais d'Hiver

| 第 556 期 | LE PETIT JOURNAL（SUPPLÉMENT ILLUSTRÉ） | DIMANCHE 14 JUILLET 1901 |

朱阿夫团，也叫祖阿夫团，即法国占领阿尔及利亚后，为了对付阿尔及利亚的游击队而专门招募的当地阿拉伯人，不过由于祖阿夫兵叛逃和加入叛军的人越来越多，法国只好招募法国人补充军队。

中国事件
离开天津回国的法军朱阿夫团

LES ÉVÉNEMENTS DE CHINE
Les zouaves rapatriés quittant Tien-Tsin

| 第 574 期 | LE PETIT JOURNAL（SUPPLÉMENT ILLUSTRÉ） | DIMANCHE 17 NOVEMBRE 1901 |

巴黎荣军院又名"巴黎残老军人院"。1670年2月24日路易十四下令兴建一座用来安置伤残军人的建筑，从此荣军院"应旨而生"。至今，这座荣军院依旧行使着安置伤残军人的功能。不过同时它也是多个博物馆的所在地。法兰西帝国始皇帝拿破仑一世的墓就在这里。

荣军院的马达加斯加国旗和中国国旗

LES DRAPEAUX DE MADAGASCAR ET DE CHINE AUX INVALIDES

1901年12月29日星期日　　《小日报》（插图附加版）　　N° 580,
第 580 期　　LE PETIT JOURNAL (SUPPLÉMENT ILLUSTRÉ)　　DIMANCHE 29 DÉCEMBRE 1901

在天津
德军与英军锡克族士兵之间的冲突

À TIEN-TSIN
Rixe entre Allemands et auxilliaries Anglais

1901 年法国教科书中的清军军官　　Officier Qing dans le manuel de la France en 1901

1901 年法国教科书中的义和团士兵　　Soldat boxeur dans le manuel de la France en 1901

攻占北京

法国人在中国，八里桥之战

PRISE DE PÉKIN

Les Français en Chine. Bataille de Palikao

Le Petit Journal
CHAQUE JOUR 5 CENTIMES
Le Supplément illustré
CHAQUE SEMAINE 5 CENTIMES

SUPPLÉMENT ILLUSTRÉ
Huit pages : CINQ centimes

ABONNEMENTS

	SIX MOIS	UN AN
SEINE ET SEINE-ET-OISE	2 fr.	3 fr. 50
DÉPARTEMENTS	2 fr.	4 fr
ETRANGER	2 50	5 fr.

Treizième année　　DIMANCHE 9 MARS 1902　　Numéro 590

1902 年 3 月 9 日 星期日
第 590 期

《小日报》
LE PETIT JOURNAL

Nº 590,
DIMANCHE 9 MARS 1902.

年度事件

京师大学堂师范馆成立

1 月 8 日，慈禧太后和光绪帝回到北京

1 月 18 日，慈禧太后第一次公开露面，召见各国驻华使节

2 月 1 日，清廷准许汉满通婚

4 月 8 日，中俄签署《交收东三省条约》

5 月 8 日，英国人李提摩太和山西巡抚岑春煊共同创办山西大学堂（今山西大学的前身）

11 月 24 日，袁世凯创立北洋军医学堂

马尔尚上校踏上回国旅程 RETOUR DU COLONEL MARCHAND

《小日报》（插图附加版）
LE PETIT JOURNAL (SUPPLÉMENT ILLUSTRÉ)

1902年4月6日星期日
第 594 期

N° 594,
DIMANCHE, 6 AVRIL 1902

在中国

法兰西与俄罗斯——别太心急！
我们还在这儿呢。

EN CHINE

La France et La Russie—Pas si vite!
Nous somme là.

Le Petit Journal
CHAQUE JOUR — SIX PAGES — 5 CENTIMES
Le Supplément illustré
CHAQUE SEMAINE 5 CENTIMES

5 Centimes SUPPLÉMENT ILLUSTRÉ 5 Centimes
Huit pages
L'AGRICULTURE MODERNE, 5 cent. —*— La Mode du Petit Journal, 10 cent.

ABONNEMENTS

	SIX MOIS	UN AN
SEINE ET SEINE-ET-OISE	2 fr.	3 fr. 50
DÉPARTEMENTS.........	2 fr.	4 fr.
ÉTRANGER..............	2 50	5 fr.

Quatorzième année DIMANCHE 5 JUILLET 1903 Numéro 659

1903 年 7 月 5 日 星期日
第 659 期

《小日报》（插图附加版）
LE PETIT JOURNAL（SUPPLÉMENT ILLUSTRÉ）

Nº 659,
DIMANCHE 5 JUILLET 1903

年度事件

清政府公布《奖励公司章程》20 条，鼓励经营工商业

4 月 8 日，中俄《东三省交收条约》到期，俄不但不退，反增兵 800 多人重新占领营口

4 月 29 日，留日学生组成拒俄义勇队

6 月 12 日，梁启超在华盛顿会晤美国总统罗斯福

6 月 29 日，清政府逮捕章炳麟，查封《苏报》，史称“苏报案”

12 月 13 日，英军大举入侵西藏

又一种恶习
法国的鸦片烟馆

UN VICE NOUVEAU
Les fumeries d'opium en France

1904年1月31日星期日
第689期

《小日报》（插图附加版）
LE PETIT JOURNAL（SUPPLÉMENT ILLUSTRÉ）

N° 689,
DIMANCHE 31 JANVIER 1904

远东事件
俄国骑兵前往满洲

LES ÉVÉNEMENTS D'EXTRÊME-ORIENT
Cavalerie russe se rendant en Mandchourie

年度事件

1 月 13 日，日本向俄罗斯发出最后通牒

2 月 6 日，日俄战争在中国东北地区爆发

5 月 21 日，《苏报》案结案

9 月 7 日，英国迫使清朝签署《拉萨条约》

10 月 17 日，张伯苓创办天津南开中学

俄国与日本旅顺口之战，1904 年 2 月 8 日
日本的鱼雷快艇袭击了旅顺口的
俄国海军舰队

8 FÉVRIER 1904—OUVERTURE DES HOSTILITÉS ENTRE LA RUSSIE ET LE JAPON
Un coup force des torpilleurs Japonais contre l'escadre à russe Port-Arthur

攻占西藏

英国军官与西藏人的会晤

LA CONQUÊTE DU THIBET

Entrevue d'officiers anglais avec les Thibétains

1904年2月14日 星期日

第691期

N° 691, DIMANCHE 14 FÉVRIER 1904

《小日报》（插图附加版）

LE PETIT JOURNAL（SUPPLÉMENT ILLUSTRÉ）

1904年3月6日 星期日
第694期

中国的新一轮屠杀
慈禧太后向皇帝展示亲俄罪臣们被砍下的头颅

《小日报》（插图附加版）
LE PETIT JOURNAL（SUPPLÉMENT ILLUSTRÉ）

N° 694,
DIMANCHE 6 MARS 1904

NOUVEAU MASSACRE EN CHINE
L'Impératrice douairière présente à l'Empereur
les têtes des manarins accusés d'avoir favorisé les intérêts russes

Le Petit Journal
CHAQUE JOUR — SIX PAGES — 5 CENTIMES
Le Supplément illustré
CHAQUE SEMAINE 5 CENTIMES

5 Centimes SUPPLÉMENT ILLUSTRÉ 5 Centimes
Le Petit Journal QUOTIDIEN, 5 cent. | Le Petit Journal militaire, maritime, colonial, 10 c.
L'AGRICULTURE MODERNE, 5 cent. | La Mode du Petit Journal, 10 cent.
On s'abonne sans frais dans tous les bureaux de poste

ABONNEMENTS

	SIX MOIS	UN AN
SEINE ET SEINE-ET-OISE	2 fr.	3 fr. 50
DÉPARTEMENTS	2 fr.	4 fr.
ÉTRANGER	2 50	5 fr.

Quinzième année DIMANCHE 27 MARS 1904 Numéro 697

1904 年 3 月 27 日星期日
第 697 期

《小日报》（插图附加版）

LE PETIT JOURNAL（SUPPLÉMENT ILLUSTRÉ）

N°697,
DIMANCHE 27 MARS 1904

开炮
旅顺口保卫战

EN BATTERIE
La défence de Port-Arthur

1904年3月27日星期日
第697期

《小日报》（插图附加版）
LE PETIT JOURNAL（SUPPLÉMENT ILLUSTRÉ）

Nº697,
DIMANCHE 27 MARS 1904

劫掠
哥萨克骑兵进入一个朝鲜村庄

EN MARAUDE
Cosaques visitant un village coréen

1904年4月10日星期日
第699期

远东事件

用雪橇运送俄军的伤病员

《小日报》
LE PETIT JOURNAL

N°699,
DIMANCHE10 AVRIL 1904

LES ÉVÉNEMENTS D'EXTRÊME-ORIENT

Transport de malades et de blessés russes sur des skis

1904年4月22日
第288期 发行第7年

《生活画刊》（周刊）
LA VIE ILLUSTRÉE (Journal hebdomadaire)

N° 288,
Septième Année, 22 Avril 1904

在满洲
中国人和俄国人

EN MANDCHOURIE
Chinois et Russes

《小巴黎人报》（插图文学附加版）

LE PETIT PARISIEN(SUPPLÉMENT LITTÉRAIRE ILLUSTRÉ)

1904年7月24日星期日
第807期

N° 807, DIMANCHE 24 JUILLET 1904

满洲的雨季

日本炮兵部队正在穿越一个峡谷

LA SAISON DES PLUIES EN MANDCHOURIE

Artillerie japonaise franchissant un défilé

CARREY

1904 年 7 月 31 日星期日
第 715 期

《小日报》（插图附加版）
LE PETIT JOURNAL（SUPPLÉMENT ILLUSTRÉ）

N° 715,
DIMANCHE 31 JUILLET 1904

在中国
法国与日本士兵之间的血腥冲突

EN CHINE
Sanglante querrelle entre soldats français et japonais

| 1904年8月21日星期日　第718期 | 《小日报》（插图附加版）
LE PETIT JOURNAL（SUPPLÉMENT ILLUSTRÉ） | N° 718,
DIMANCHE, 21 AOÛT 1904 |

　　早在18世纪中叶，好望角就出现了华工的面孔。1840年后，英法等列强开始从中国"出口"劳动力。他们被称为"苦力"（英文"Coolie"的音译）。至1904年前后，契约华工（Indentured Labor）替代了苦力的称呼，但实质并未发生改变。1904年至1906年，南非德兰士瓦共招募了华工63811名。他们大多来自中国北方的山东、河北等省，由于义和团、日俄战争，再加上连年的饥荒，使得生存无望的6万多名华工踏上了前往好望角的不归路。

在南非
在矿场工作的中国劳工

DANS L'AFRIQUE DU SUD
Travailleurs chinois s'engageant dans les mines

1904年10月2日星期日　　《小日报》（插图附加版）　　N°724,
第724期　　LE PETIT JOURNAL（SUPPLÉMENT ILLUSTRÉ）　　DIMANCHE 2 OCTOBRE 1904

在满洲
被汽车救了生命的俄国军官

EN MANDCHOURIE
Officiers russes sauvés par une automobile

1904年10月2日星期日
第724期

《小日报》（插图附加版）
LE PETIT JOURNAL（SUPPLÉMENT ILLUSTRÉ）

N°724,
DIMANCHE 2 OCTOBRE 1904

在奉天周围
日军向俄军战壕发起进攻

AUTOUR DE MOUKDEN
Les Japonais donnent l'assaut aux retranchemant russes

1904年10月16日 星期日
第726期

《小日报》（插图附加版）
LE PETIT JOURNAL（SUPPLÉMENT ILLUSTRÉ）

N° 726,
DIMANCHE 16
OCTOBRE1904

在旅顺口

斯托塞尔将军照料要塞伤员时被炮弹炸伤

À PORT-ARTHUR

La générale Stoesell blessée par un éclat d’obus en soignant des victimes du siège

1904年10月16日星期日
第726期

满洲边境的清军
马大帅和他的部队

《小日报》（插图附加版）
LE PETIT JOURNAL（SUPPLÉMENT ILLUSTRÉ）

N° 726,
DIMANCHE 16 OCTOBRE 1904

L'ARMÉE CHINOISE AUX FRONTIÈRES MANDCHURIE
Le maréchal Ma et ses troupes

| 第 734 期 | LE PETIT JOURNAL (SUPPLÉMENT ILLUSTRÉ) | DIMANCHE 11 DÉCEMBRE 1904 |

库罗帕特金，早年给斯科别列夫当参谋长，日俄战争期间任俄军远东陆军总司令，其优柔寡断是导致俄军战败的主因之一，一战时曾短暂出任过俄军北方面军司令。

满洲的汽车
库罗帕特金将军乘汽车巡视俄军的战线

L'AUTOMOBILE EN MANDCHURIE
Le général Kouropatkine parcourt les lignes russes en autobile

《小日报》（插图附加版）
LE PETIT JOURNAL (SUPPLÉMENT ILLUSTRÉ)
1905年1月8日星期日
第738期
N° 738, DIMANCHE 8JANVIER 1905

战役进行之时

《小日报》特派记者在满洲观察战役情况

PENDANT LA BATAILLE

L'envoyé spécial du Petit Journal en Mandchourie suit les péripéties du combat

Le Petit Journal
E JOUR — SIX PAGES — 5 CENTIMES
ninistration: 61, rue Lafayette
Supplément illustré
CHAQUE SEMAINE 5 CENTIMES

5 Centimes SUPPLÉMENT ILLUSTRÉ 5 Centimes
Le Petit Journal militaire, maritime, colonial..... 10 cent.
Le Petit Journal agricole, 5 cent. LA MODE du Petit Journal, 10 cent.
Le Petit Journal illustré de La Jeunesse..... 10 cent.
On s'abonne sans frais dans tous les bureaux de poste

ABONNEMENTS

	SIX MOIS	UN AN
SEINE ET SEINE-ET-OISE	2 fr.	3 fr. 50
DÉPARTEMENTS.........	2 fr.	4 fr.
ÉTRANGER.............	2 50	5 fr.

Les manuscrits ne sont pas rendus.

ième année DIMANCHE 12 FÉVRIER 1905 Numéro 743

1905 年 1 月 22 日 星期日
第 740 期

《小日报》（插图附加版）
LE PETIT JOURNAL（SUPPLÉMENT ILLUSTRÉ）

Nº 740,
DIMANCHE 22 JANVIER 1905

年度事件

1 月 2 日，被围困 157 天后的旅顺口俄军向日军投降

2 月 21 日，奉天会战拉开序幕，3 月 10 日，日军占领奉天

5 月 27 日，在对马海峡海战中俄国舰队败给日本舰队

7 月 30 日，孙中山等在日本东京召开“同盟会”筹备会议

9 月 2 日，科举制被废除

9 月 5 日，《朴茨茅斯和约》签订，日俄战争结束

9 月 24 日，在北京正阳门车站，派出考察立宪的五大臣遭到自杀性炸弹袭击

12 月 22 日，中日签署《会议东三省事宜条约》

俄军在奉天的阵地
对手之间互相交换善意的举动

DANS LES TRANCHÉES DEVANT MOUKDEN
Echange de bons procédés entre adversaires

1905年2月12日星期日
第743期

《小日报》（插图附加版）

LE PETIT JOURNAL（SUPPLÉMENT ILLUSTRÉ）

N°743,
DIMANCHE 12 FÉVRIER 1905

满洲的冬天
一支俄国巡逻队发现冻死的日本士兵

L'HIVER EN MANDCHOURIE
Une petrouille russe decouvre des soldats
Japonais morts de froid

1905 年 3 月 19 日星期日
第 748 期

N° 748, DIMANCHE 19 MARS 1905

《小日报》（插图附加版）

LE PETIT JOURNAL（SUPPLÉMENT ILLUSTRÉ）

奉天大战

库罗帕特金将军下令让俄军撤退

LA BATAILLE DE MOUKDEN

Le général Kuropatkine donner ordre à ses troupes de battre en retraite

奉天大战结束之后

1905年3月26日 星期日
第749期

《小日报》（插图附加版）
LE PETIT JOURNAL（SUPPLÉMENT ILLUSTRÉ）

APRÈS LA GRANDE BATTAILLE DE MOUKDEN

N° 749,
DIMANCHE 26 MARS 1905

《小日报》（插图附加版）

LE PETIT JOURNAL（SUPPLÉMENT ILLUSTRÉ）

李尼维去将军
驻满洲俄军总司令

LE GÉNÉRAL LINIÉVITCH
Commandant en chef des troupes russes en Mandchourie

| 1905年4月2日星期日 第843期 | **《小巴黎人报》**（插图文学附加版） LE PETIT PARISIEN(SUPPLÉMENT LITTÉRAIRE ILLUSTRÉ) | Nº 843, DIMANCHE 2 AVRIL 1905 |

大山岩，明治和大正时期的九位元老之一，日本陆军的创建者之一。中日甲午战争为占领威海卫的日军第二军长，日俄战争时任日本满洲军总司令。

在满洲
日军元帅大山岩进入奉天

EN MANDCHOURIE
Entrée du maréchal Oyama à Moukden

第 753 期　　LE PETIT JOURNAL（SUPPLÉMENT ILLUSTRÉ）　DIMANCHE 23 AVRIL 1905

　　日俄战争中虽然清政府官方宣布中立，但是官员及民众中却不乏支持日本获胜者。
　　日俄战争期间，日本使馆副武官青木宣纯（曾任北洋军教官）与袁世凯面商日中联合组织情报机构和收编东北"马贼"诸事宜。袁从北洋军中挑选数十名精干士官组成了联合侦探队。这些军官多毕业于保定陆军速成学堂测绘科，故工作颇有成效，其中就有后来的直系军阀首领吴佩孚。吴佩孚原为北洋督练公所参谋处军官，参加日军的谍报活动后，几进几出东北，有次被俄军俘获，但拒不招供，判死刑后跳车逃生，战后晋升上尉军衔，日军授勋以资表彰。
　　孙中山更是在日本神户的一次演讲中说："日俄一战，日本便战胜俄国。日本人战胜俄国人，是亚洲民族在最近几百年中头一次战胜欧洲人，这次战争的影响，便马上传达到全亚洲，亚洲全部的民族便惊天喜地，发生一个极大的希望。"（《孙中山全集》第11卷第402页）
　　奉天地方的拒俄义勇军、忠义军（因在关键的辽阳首山战役中立功，被日本天皇授予宝星勋章的冯麟阁、金万福），以及留日学生发动的拒俄运动等亦可略见一斑。

日军在满洲的残酷报复
处决被控亲俄的清朝低层官员

CRUELLE REPRÉSAILLES DES JAPONAIS EN MANDCHOURIE
Exécution de functionaires
chinois accusés de sympathie pour les Russes

1905年4月30日星期日
第754期

《小日报》（插图附加版）
LE PETIT JOURNAL（SUPPLÉMENT ILLUSTRÉ）

Nº 754,
DIMANCHE 30 AVRIL 1905

在离开哈尔滨的路上
日本骑兵侦察队遇袭

SUR LA ROUTE DE KHARBIN
Reconnaissance de cavalerie japonais

1905 年 5 月 7 日星期日
第 755 期

《小日报》（插图附加版）
LE PETIT JOURNAL（SUPPLÉMENT ILLUSTRÉ）

N°755,
DIMANCHE 7 MAI 1905

向满洲的俄军增派援军
西伯利亚铁路上一节运送哥萨克骑兵的车厢

ENVOI DE RENFORTS A L'ARMÉE RUSSE DE MANDCHOURIE
Un wagon de cavalerie cosaque sur le transsibérien

1905年8月20日星期日
第863期

《小巴黎人报》（插图文学附加版）
LE PETIT PARISIEN(SUPPLÉMENT LITTÉRAIRE ILLUSTRÉ)

N° 863,
DIMANCHE 20 AOÛT 1905

俄国与日本：交战双方的目前形势

RUSSES ET JAPONAIS: POSITIONS ACTUELLES DES BELLIGRANT

RUSSIE
OYAMA
MANDCHOURIE

《小日报》（插图附加版）
LE PETIT JOURNAL（SUPPLÉMENT ILLUSTRÉ）

旅顺口海军大战
在“皇太子号”军舰上

LE COMBAT NAVAL AU LARGE DE PORT-ARTHUR
A bord du "Coesarevitch"

TOUS LES VENDREDIS
Le Supplément illustré
5 Centimes

SUPPLÉMENT ILLUSTRÉ
Huit pages : CINQ centimes

TOUS LES JOURS
Le Petit Journal
5 Centimes

Deuxième Année

SAMEDI 19 DÉCEMBRE 1891

Numéro

1906年5月20日星期日
第902期

《小巴黎人报》（插图文学附加版）
LE PETIT JOURNAL(SUPPLÉMENT LITTÉRAIRE ILLUSTRÉ)

Nº 902,
DIMANCHE 20 MAI 1906

年度事件

2月，日知会在武昌成立

4月27日，中英签订《中英续订藏印条约》

9月1日，清廷颁布了《宣示预备立宪谕》

9月18日，香港遭受飓风袭击，死伤10余万人

12月初，同盟会成立以后发动的第一次武装起义——萍浏醴起义爆发

受清廷指派，户部侍郎戴鸿慈、湖南巡抚端方于12月2日离京启程，前往美国、德国和奥地利考察。1905年12月11日，镇国公载泽、山东布政使尚其亨、顺天府丞李盛铎离京启程前往日本、英国、法国和比利时等国考察西方政体。次年除李盛铎留任驻比利时公使外，其他人陆续归国，向慈禧陈述了立宪可使“皇位永固”“外患渐轻”“内乱可弭”。慈禧听后决定采纳施行。于是1906年9月1日清政府宣布实行“预备立宪”。

中国使团在巴黎
一位中国人站在市议会的讲台上

UNE MISSION CHINOIS
Un Chinois à la tribune du conseil municipal

香港的可怕台风
成千上万人受害

1906年10月7日星期日
第922期

《小巴黎人报》（插图文学附加版）
LE PETIT PARISIEN(SUPPLÉMENT LITTÉRAIRE ILLUSTRÉ)

Nº 922,
DIMANCHE 7 OCTOBRE 1906

TERRIBLE TYPHON À HONG-KONG
Plusieurs milliers de victimes

1906年10月21日星期日
第831期

《小日报》（插图附加版）

LE PETIT JOURNAL (SUPPLÉMENT ILLUSTRÉ)

N° 831, DIMANCHE 21 OCTOBRE 1906

瓦卡德

捕获侵扰一方的悍匪瓦卡德

VAHKADER

Capture du brigade Vahkader, qui terrorisait la région

中国的饥荒

1907年3月3日星期日
第850期

《小日报》（插图附加版）
LE PETIT JOURNAL（SUPPLÉMENT ILLUSTRÉ）

LA FAMINE EN CHINE

N° 850,
DIMANCHE 3 MARS 1907

1907年7月14日星期日
第869期

《小日报》（插图附加版）
LE PETIT JOURNAL（SUPPLÉMENT ILLUSTRÉ）

N° 869,
DIMANCHE 14 JUILLET 1907

蒙古的汽车
蒙古骑兵在将一辆汽车拖出泥沼

L'AUTOMOBILISME EN MONGOLIE
Des cavaliers mongols retirent d'un marécage une voiture embourbée

Le Petit Journal

Le Petit Journal
CHAQUE JOUR – 6 PAGES – 5 CENTIMES
Administration : 61, rue Lafayette
Les manuscrits ne sont pas rendus

5 CENTIMES SUPPLÉMENT ILLUSTRÉ 5 CENTIMES

Le Petit Journal agricole, 5 cent. ~~ La Mode du Petit Journal, 10 cent.
Le Petit Journal illustré de la Jeunesse, 10 cent.
On s'abonne sans frais dans tous les bureaux de poste

ABONNEMENTS

	SIX MOIS	UN AN
SEINE et SEINE-ET-OISE..	2 fr.	3 fr. 50
DÉPARTEMENTS..........	2 fr.	4 fr. »
ÉTRANGER	2 50	5 fr. »

Dix-neuvième Année DIMANCHE 12 JUILLET 1908 Numéro 921

1908 年 7 月 12 日星期日
第 921 期

《小日报》（插图附加版）
LE PETIT JOURNAL（SUPPLÉMENT ILLUSTRÉ）

Nº 921,
DIMANCHE 12 JUILLET 1908

年度事件

1 月 16 日，清廷颁布《大清报律》
6 月，全国掀起立宪请愿高潮
8 月 27 日，清廷批准《宪法大纲》，中国第一部宪法出台
11 月 14 日，光绪皇帝病逝。15 日，慈禧太后去世

戊申河口之役，也称河口起义，主要指挥者黄明堂等人与黄兴率先在钦州、廉州、上思一带起事，孙中山又派黄明堂等人率领从镇南关撤出的革命军开赴云南边境支援。4 月 29 日起义军与清军中的起义部队会合，攻克河口。此后，起义军又分兵出击，连克新街、南溪、坝洒，逼近蛮耗、蒙自。清政府急忙调兵镇压，5 月 26 日，清军占领河口。黄明堂率六百余人撤至越南境内，不久被法国殖民政府缴械遣散。

北圻与中国的边境上
法国土著步兵解除中国革命党人的武装

A LA FRONTIÈRE TONKINO-CHINOISE
Tirailleurs indigènes désarmant les “réformistes” chinois

1908 年 10 月 11 日星期日 第 934 期	《小巴黎人报》（插图文学附加版） LE PETIT PARISIEN(SUPPLÉMENT LITTÉRAIRE ILLUSTRÉ)	Nº 934, DIMANCHE 11 OCTOBRE 1908

为了实施“吞并满洲”的远东政策，俄国迫使清政府签订密约，同意修筑一条连接满洲里和海参崴（绥芬河）、南到旅顺港的中东铁路（当时称“东清铁路”）。1898 年 6 月，修筑铁路的首批俄国人将哈尔滨确定为中东铁路的总埠，使哈尔滨一下子从一个小村庄变成了中国东北的交通枢纽和经济中心。1903 年中东铁路全线通车不久，铁路管理局便在哈尔滨成立 “城市公共事业管理委员会”，实行“自治”。1907 年 11 月，俄方在商务俱乐部（原址在今兆麟公园内）开会通过了哈尔滨自治公议会章程。1908 年 3 月，通过选举成立公议会董事会（兆麟公园当时就叫“董事会公园”），俄国人独揽了哈尔滨市政权。直到 1926 年 3 月在得到张作霖同意后，东省特别区行政长官张焕相才解散了公议会和董事会，收回了市政权。

中国酷刑
在哈尔滨，一名犯人被绑住拇指吊起来并受到铁棍毒打

SUPPLICES CHINOIS
A Kharbin, des condamnés sont pendus par les pouces et battus à coups de barres de fer

1908年11月15日星期日
第1663期

《虔诚者报》
LE PÈLERIN

Nº 1663,
DIMANCHE 15 NOVEMBRE 1908

在香港，中国人袭击日本商贩并抢劫其商铺
丹布朗绘画

À HONG-KONG, LES CHINOIS ATTAQUENT LES MARCHANDS JAPONAIS ET PILLENT LEURS BOUTIQUES
Dessin de Damblans

第941期　　LE PETIT JOURNAL (SUPPLÉMENT ILLUSTRÉ)　　DIMANCHE 29 NOVEMBRE 1908

光绪皇帝和慈禧太后之死

　　1875年，结婚未满三年，年仅19岁的同治皇帝因患天花而去世。失去亲生儿子的慈禧太后选择同治的堂弟，自己的亲侄子，刚满三岁的载湉继位，由于载湉年纪太小，其父亲醇亲王奕譞被任命为摄政王，而慈禧本人则与慈安太后共同"垂帘听政"，掌握了实际的控制权。1881年，慈安太后去世，慈禧太后独自掌握大权。从此载湉便一生都笼罩在慈禧太后的阴影之中。

　　1889年，年满18岁的载湉开始亲政，成为光绪皇帝。但是清廷的实际权力仍然掌握在慈禧太后手中。美国传教士丁韪良在同文馆的两位学生张德彝和沈铎都曾经当过光绪皇帝的英文教师，所以年轻的光绪皇帝很早就受到了西方现代思想的影响。在1894—1895年间的中日甲午战争中，他极力主战，反对妥协。甲午战争失败之后，他又公开支持维新派发展实业和实行变法。1898年，他在康有为、梁启超等人辅佐下，推出了轰轰烈烈的"戊戌新政"。眼看着自己的地位和势力岌岌可危，慈禧太后再度出山"垂帘听政"，镇压了戊戌改革，囚禁光绪于西苑瀛台，对外则宣称光绪皇帝罹病，不能再理政。从此之后，光绪皇帝再也没有机会出头。

　　1908年11月14日，年仅38岁的光绪突然因病暴毙。年已74岁的慈禧太后于当天任命醇亲王载沣为摄政王，其长子溥仪为继位的宣统皇帝。而第二天下午，慈禧太后本人也撒手人寰。一般认为，光绪皇帝是被慈禧太后下砒霜毒死的，因为她绝不能容忍光绪皇帝比她活得更久。这一看法数年前已被验尸实验所证实。

　　按照中国传统的殡葬习俗，人死了之后必须经过停尸、报丧、做七、吊唁、入殓、停棺、择日下葬等复杂的仪式。光绪和慈禧都是在去世一年之后才隆重下葬的。光绪葬于清西陵，慈禧葬于清东陵。

清太后和皇帝驾崩
慈禧太后和光绪帝的遗体放在长寿宫展示

LA MORT DES SOUVERAINS
Les corps de l'impératrice Tseu-Si et de l'empereur Kouang-Siu
exposes dans le pavillon de la Longévité impériale

Le Petit Journal

ADMINISTRATION
61, RUE LAFAYETTE, 61
Les manuscrits ne sont pas rendus
On s'abonne sans frais
dans tous les bureaux de poste

5 CENT. SUPPLÉMENT ILLUSTRÉ 5 CENT.

20me Année — Numéro 980

DIMANCHE 29 AOUT 1909

ABONNEMENTS

	SIX MOIS	UN AN
SEINE et SEINE-ET-OISE	2 fr.	3 fr. 50
DÉPARTEMENTS	2 fr.	4 fr. »
ÉTRANGER	2 50	5 fr. »

1909 年 8 月 29 日星期日
第 980 期

《小日报》（插图附加版）
LE PETIT JOURNAL（SUPPLÉMENT ILLUSTRÉ）

Nº 980,
DIMANCHE 29 AOÛT 1909

年度事件

1 月 2 日，摄政王载沣命军机大臣、外务部尚书袁世凯开缺回籍

9 月 1 日，清廷发布上谕，宣布预备立宪

9 月 4 日，中日签订《间岛协约》。日本在华利益扩大，引起美国不满

9 月 21 日，旅美华侨冯如制成中国第一架飞机

中国新军　　LA NOUVELLE ARMÉE CHINOISE

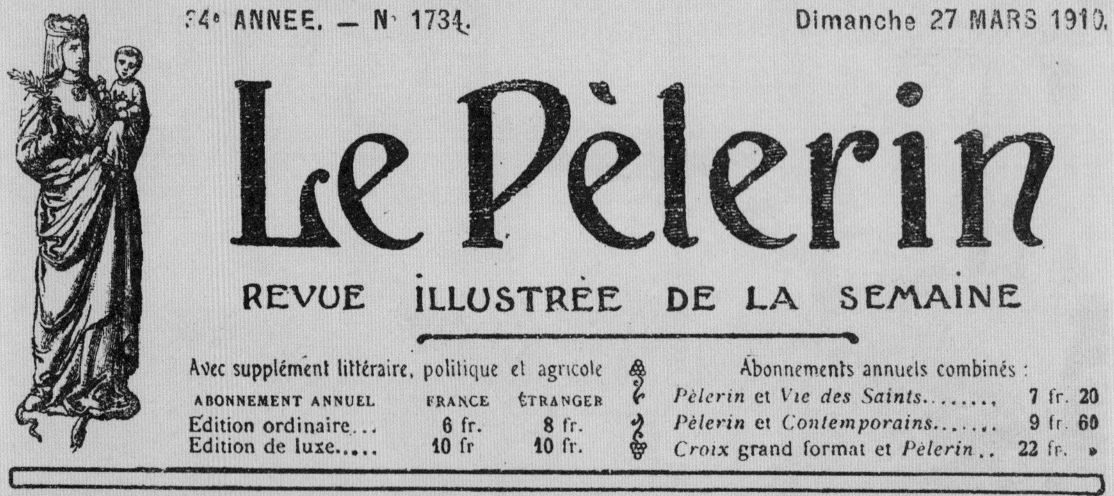

34e ANNEE. — N° 1734.   Dimanche 27 MARS 1910.

Le Pèlerin

REVUE ILLUSTRÉE DE LA SEMAINE

Avec supplément littéraire, politique et agricole

ABONNEMENT ANNUEL	FRANCE	ÉTRANGER
Édition ordinaire...	6 fr.	8 fr.
Edition de luxe.....	10 fr	10 fr.

Abonnements annuels combinés :

Pèlerin et *Vie des Saints*.......	7 fr. 20
Pèlerin et *Contemporains*.......	9 fr. 60
Croix grand format et *Pèlerin*..	22 fr. »

1910 年 3 月 20 日星期日
第 1009 期

《小日报》（插图附加版）
LE PETIT JOURNAL（SUPPLÉMENT ILLUSTRÉ）

N° 1009,
DIMANCHE 20 MARS 1910

年度事件

4 月，汪精卫因刺杀载沣被捕

5 月 15 日，清政府公布《大清现行刑律》

6 月，孙洪伊发起了第二次国会请愿高潮

11 月 4 日，清政府将原订宣统八年立宪期限，缩改为宣统五年，并开设议院

11 月 9 日，鼠疫通过中东铁路经满洲里传入哈尔滨，随后一场持续 6 个月的大瘟疫席卷东北。这场波及半个中国的瘟疫，夺去了 6 万多人的生命

达赖喇嘛抵达英属印度　　L'ARRIVÉE DU DALAI-LAMA AUX INDES ANGLAISES

Le Petit Journal

ADMINISTRATION
61, RUE LAFAYETTE, 61
Les manuscrits ne sont pas rendus
On s'abonne sans frais
dans tous les bureaux de poste

5 CENT. SUPPLÉMENT ILLUSTRÉ 5 CENT.
22me Année Numéro 1.055
DIMANCHE 5 FÉVRIER 1911

ABONNEMENTS

	SIX MOIS	UN AN
SEINE et SEINE-ET-OISE..	2 fr.	3 fr. 50
DÉPARTEMENTS..........	2 fr.	4 fr. »
ÉTRANGER....	2 50	5 fr. »

1911 年 2 月 5 日星期日
第 1055 期

《小日报》（插图附加版）
LE PETIT JOURNAL（SUPPLÉMENT ILLUSTRÉ）

Nº 1055,
DIMANCHE 5 FÉVRIER 1911

年度事件

1 月 31 日，哈尔滨一带疫病死亡人数已达两千六百多，长春、双城、呼兰、绥化等地死亡人数也达一千以上
4 月 27 日，广州起义爆发，72 名烈士葬于黄花岗
5 月 8 日，清政府成立责任内阁，被讥为“皇族内阁”
5 月 9 日，清廷宣布铁路干线收归国有，激起全国反对浪潮
5 月 14 日，长沙万人集会激起保路运动
6 月 1 日，四川省保路同志会成立
9 月 7 日，赵尔丰与保路人员冲突，各路同志军猛扑成都，25 日荣县独立
10 月 10 日，武昌打响第一枪，辛亥革命爆发
11 月 1 日，清政府宣布解散皇族内阁，任命袁世凯为总理内阁大臣
12 月 7 日，清政府任命袁世凯为全权大臣，赴南方讨论大局
12 月 29 日，清政府宣布解散皇族内阁，孙中山被推举为临时大总统

现代化的中国
在上海，人们当众剪掉长辫

A CHINE SE MODERNISE
A Shanghaï, des Chinois font en public
le sacrifice de leur natte

《小日报》（插图附加版）
LE PETIT JOURNAL (SUPPLÉMENT ILLUSTRÉ)

1911 年 2 月 12 日星期日
第 1056 期

Nº 1056,
DIMANCHE 12 FÉVRIER 1911

满洲鼠疫
逃难的老百姓在长城边被中国军队拦下

LA PEST EN MANDCHOURIE
Les populations, fuyant devant le fléau,
sont arrêtées par les troupes chinoises aux abords de la Grande
Muraille

1911 年 2 月 19 日星期日
第 1057 期

《小日报》（插图附加版）
LE PETIT JOURNAL（SUPPLÉMENT ILLUSTRÉ）

N°1057,
DIMANCHE 19 FÉVRIER 1911

满洲鼠疫 LA PEST EN MANDCHOURIE

1911 年 10 月 22 日星期日
第 1092 期

《小日报》（插图附加版）
LE PETIT JOURNAL（SUPPLÉMENT ILLUSTRÉ）

N° 1092,
DIMANCHE 22 OCTOBRE
1911

兵站的娱乐

一个流动的中国杂技团临时借住在某兵站，并为那儿的官员和守卫们进行表演

LES PLAISIRS DU " DEPOT "

Des acrobates Chinois, trouvés errants et hospitalités au Dépôt, y donnent une representation pour l'agrément des agents et des gardiens

第 1065 期　　　LE PETIT JOURNAL（SUPPLÉMENT ILLUSTRÉ）　　　DIMANCHE 16 AVRIL 1911

  1883 年 12 月 25 日，冯如生于广东恩平，十几岁到美国做工。受莱特兄弟的飞机飞行的影响，在 1907 年，冯如与几位华侨共同努力，经过十多次修改，在奥克兰出租的厂房中成功研制出一架飞机。1909 年 9 月 21 日，在美国奥克兰市附近的派得蒙特山丘上，冯如驾驶自己设计制造的飞机，试飞成功。1910 年，他又研制出一架双翼机，并于当年 10 月至 12 月间成功地在奥克兰进行了表演。

  1911 年 2 月，冯如带着助手及两架自己研发的飞机回到国内。1912 年 8 月 25 日，冯如在广州燕塘驾驶自己研发的飞机飞行。由于操纵系统失灵，飞至百余米时飞机失速下坠，冯如遇难。他也成为了中国第一位驾机失事的飞行员和飞机设计师。

中国的第一架飞机　　LE PREMIR AÉROPLANE EN CHINE

1911 年 10 月 29 日星期日
新版第 118 期

《小巴黎人报》（插图文学附加版）
LE PETIT PARISIEN(SUPPLÉMENT LITTÉRAIRE ILLUSTRÉ)

NOUVELLE ÉDITION-Nº 118,
DIMANCHE 29 OCTOBRE 1911

中国革命
在汉口处决烧杀抢掠的革命党人

LA RÉVOLUTIONE CHINOISE
Exécution à Han-Keou de révolutionaries pillards et incendiaires

《小日报》（插图附加版）
LE PETIT JOURNAL（SUPPLÉMENT ILLUSTRÉ）

1911年10月29日星期日
第1093期

N° 1093,
DIMANCHE 29 OCTOBRE 1911

关于中国的起义运动
中国军队的演变

À PROPOS DU MOVEMENT INSURRECTIONNEL EN CHINE
L'évolution de l'armée chinoise

Le Petit Journal

附录：1911 年后的《小日报》

在中国为欧式服装立法的讨论
资政院变成了试衣间

LA DISCUSSION DE LA LOI SUR LE COSTUME
EUROPÉEN EN CHUNE
Un Parlement transformé en salon d'essayage

法国轮船受到中国海盗袭击

VAPEUR FRANÇAIS ATTAQUÉ
PAR DES PIRATES CHINOIS

飞人在天朝

瓦西的贝勒蒂尔那令人咂舌的长途飞行在一路上克服了重重困难之后终于顺利完成。该图显示他在中国着陆之后，受到了每个人热情洋溢的欢迎。实际上，在欢迎他的那些当地人眼中，这位不畏艰险的飞行员宛如一位长着翅膀的西方大使。

LHOMME-OISEAU CHEZ LES CÉLESTESE

中国的动乱

LES TROUBLES EN CHINE

和平在天朝已不复存在。两位大帅[1]为争夺上海控制权而发生的冲突为中国最为繁荣发达的城市带来了遭血洗的威胁。与此同时，欧洲政府也采取了预防行动，以便保护各国在沪的侨民。一支由弗洛肖海军上将指挥的法国舰队来到了上海，并停泊在港口，各军舰上的水兵们则纷纷下船登陆，以保护法国领事馆。

1 指直系军阀齐燮元和皖系军阀卢永祥。